Tremplin école

FRANÇAIS

CE1

Danielle Mathieu

HATIER

Signes de l'alphabet phonétique utilisés

le son	[s]	comme dans	**serpent**	
le son	[z]	comme dans	**zèbre**	
le son	[k]	comme dans	**camion**	
le son	[g]	comme dans	**bague**	
le son	[f]	comme dans	**feuille**	
le son	[ʒ]	comme dans	**jupe**	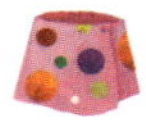
le son	[ʃ]	comme dans	**chat**	
le son	[e]	comme dans	**étoile**	
le son	[ɛ]	comme dans	**laine**	
le son	[ɲ]	comme dans	**baignoire**	
le son	[ɑ̃]	comme dans	**banc**	
le son	[ɛ̃]	comme dans	**pain**	
le son	[j]	comme dans	**yo-yo**	

Conception éditoriale et graphique : Véronique Schwab - Acquansù
Mise en page : Atelier JMH / Éric Schiller
Illustrations : Claire Gandini
Conception et réalisation de la couverture : Sarbacane ; Grégoire Bourdin
Illustration de couverture : Laurent Audouin

Sommaire

Lecture, écriture : les sons et les mots

Lecture : compréhension

Écriture : orthographe et grammaire

Évaluation

Les corrigés se trouvent dans le fascicule détachable situé au centre du cahier.

1 Les lettres

Je révise et je retiens

Les 26 lettres de l'alphabet nous permettent d'écrire tous les mots.

• en minuscules :

a b c d e f g h i j k l m n o p q r s t u v w x y z

a b c d e f g h i j k l m n o p q r s t u v w x y z

• en majuscules :

A B C D E F G H I J K L M N O P Q R S T U V W X Y Z

A B C D E F G H I J K L M N O P Q R S T U V W X Y Z

Les lettres peuvent être dessinées en caractères d'imprimerie.

le journal les livres

On peut utiliser l'écriture cursive ou écriture attachée.

la carte postale *les cahiers*

Je m'exerce

1 Colorie d'une même couleur les différentes écritures de la même lettre.

B r A *v* *o* a *b* o *R* v

2 Complète l'alphabet.

a			*d*			*g*	*h*				*l*		*n*		*p*		*r*				*v*	*w*			
	B	*C*		*E*	*F*			*I*	*J*	*K*		*M*		*O*		*Q*		*S*	*T*	*U*			*X*	*Y*	*Z*

3 Complète la phrase par des minuscules ▢ ou des majuscules ▢.

▢e tour de ▢rance ne passe pas à ▢ordeaux cette ▢nnée, mais il fait plusieurs ▢tapes en ▢retagne.

4 Barre les intrus.

a 2 **a** **n** *h* *K* $? △

La lettre s

Je révise et je retiens

• Entre deux voyelles (a, e, i, o, u, y), le **s** se prononce **[z]** comme dans **rose**.

le vase

une chaise

un blouson

• Dans tous les autres cas, le **s** se prononce **[s]** comme dans **serpent** :

– en début de mot	**un serpent**
– entre une voyelle et une consonne	**un oursin**
– quand il y a deux s	**une tasse**
– entre deux consonnes	**construire**

Je m'exerce

1 Entoure dans chaque mot la lettre s qui se prononce [z].

une maison • des groseilles • les saisons • un valise • la jalousie • une pause • une sottise

2 Barre les mots où tu n'entends pas le son [s].

une salade • mon cousin • un gosse • le fusil • une asperge • une souris

3 Complète par s ou ss pour obtenir le son [s].

un ____alon • une ta____e • une bour____e • un ____tylo • une bo____e

4 Écris le nom de chaque dessin sous son étiquette.

[s] ____________________

[z] ____________________

3 La lettre t

Je révise et je retiens

La lettre **t** se prononce le plus souvent **[t]**.

une clémentine **un train**

La lettre **t** se prononce parfois **[s]** quand elle est suivie de la lettre **i**.

une addition

Associée à la lettre **e**, la lettre **t** forme soit le son [ɛ] : **un sifflet**, soit le son **[e]** : **le rouge et le noir**.

Je m'exerce

1 Colorie les étiquettes si tu entends le son [s].

une opération	des chatouilles	une punition	la tirelire

2 Ajoute les t qui manquent, puis lis les phrases à haute voix pour entendre les différents sons.

Pa__rick a perdu ses lace__s e__ a déchiré son gile__ viole__.
Il peut remplir son gobele__ au robine__ pour avaler __a po__ion.
Vous pouvez jouer avec vos pis__ole__s à eau, mais fai__es a__en__ion.

3 Écris les réponses en t'aidant des étiquettes.

Quel est l'animal qui imite la parole humaine ?

le ______________________

Qui sont les habitants de Mars ?

les ______________________

Comment appelle-t-on un siège sans dossier ?

un ______________________

quet	Mar
ro	tiens
per	ret
bou	ta

La lettre h

4

Je révise et je retiens

Toute seule, la lettre **h** ne se prononce pas. On fait juste la **liaison** un peu différemment.

une harpe **les haricots**

Associée à la lettre **c**, la lettre **h** forme le son **[ʃ]** comme dans **chien**.

une chenille **la niche**

Associée à la lettre **p**, la lettre **h** forme le son **[f]**.

une photo **une apostrophe**

Je m'exerce

1 Entoure dans chaque mot les lettres qui forment le son [ʃ].

une douche • la chaleur • un chignon chic • des chiffres • une écharpe

2 Entoure les lettres ou groupes de lettres qui se prononcent [f].

Philomène est un phénomène. Elle se déguise parfois en pharaon ou en fée.
Les nénuphars sont des fleurs fragiles et éphémères.
Théophile s'est cassé la troisième phalange de l'auriculaire.

3 Écris les réponses en t'aidant des étiquettes.

Je suis le magasin où l'on achète des médicaments.

Je suis la ______________________.

Je suis un gros mammifère avec une trompe.

Je suis un ______________________.

é • lé • cie • ma • phant • phar

4 Complète par h, ch ou ph.

un ____*are* • *une* ____*irondelle* • *un ca*____*ier*
• *un* ____*ameau* • *un* ____*ypermar*____*é*

5 Le son [s]

Je révise et je retiens

Selon les mots, le son **[s]** s'écrit de différentes façons.

le sucre

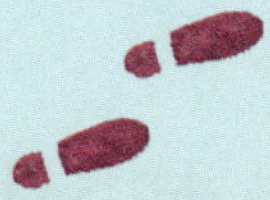
la trace

le poussin

le limaçon

la natation

Le son **[s]** peut s'écrire :

- **s** sauf entre deux voyelles
- **ss** entre deux voyelles
- **c** devant **e**, **i** et **y**
- **ç** devant **a**, **o** et **u**
- **t** devant **i** dans certains mots

Je m'exerce

1 Barre les mots qui ne contiennent pas le son [s].

gencive • remplaçant • maîtresse • médecin • garçon • coussin • cousin • aussi • petit • récitation

2 Entoure dans chaque mot la lettre ou les lettres qui forment le son [s].

un lacet • un caleçon • une acrobatie • des buissons • un cygne • un os • un croissant

3 Complète avec s, ss, c ou ç.

une ___erise

un ___itron

une bro___e

un cou___in

un ___ac

une balan___oire

4 Recopie les mots de la phrase où l'on entend le son [s].

J'espère apercevoir Sabrina ce soir ou demain matin.

Le son [z]

Je révise et je retiens

une douzaine de bisous

Selon les mots, le son **[z]** s'écrit avec la lettre **z** :

un zoo **treize** **du gaz** **du gazon**

ou avec la lettre **s** entre deux voyelles :

une case **la ruse** **du raisin** **la rose**

Je m'exerce

1 **Entoure dans chaque mot la lettre qui se prononce [z].**

un musée • un zébu • un zigzag • un trésor • une noisette • du gaz

2 **Barre l'intrus.**

une visite • la cuisine • un bazar • une gazelle • un poussin • une chemise • l'horizon

3 **Complète avec s ou z.**

un ___èbre

une ceri___e

une ro___e

un maga___ine

une ardoi___e

4 **Complète les phrases.**

J'ai eu on___e en mu___ique.
___oé a eu ___éro parce qu'elle a fait le ___ouave.
Mon ca___ier est tout en dé___ordre.
Loui___e et Lu___on sont assi___es
sur la pelou___e devant le mimo___a.

7 La lettre g

Je révise et je retiens

g	se prononce **[g]** devant **a**, **o** et **u** :	**un gobelet**
g	se prononce [ʒ] devant **e**, **i** et **y** :	**un genou**
ge	se prononce [ʒ] devant **a**, **o** et **u** :	**une nageoire**
g	associé à la lettre **n** se prononce **[ɲ]** :	**une baignoire**

Je m'exerce

1 **Entoure la lettre g si elle se prononce [ʒ] comme dans genou.**

un singe • un gigot • une blague • une cage • une guenon

2 **Barre l'intrus.**

une bougie • un bourgeon • une aiguille • des coloriages • une girouette

3 **Complète les mots avec g ou ge pour obtenir le son [ʒ] comme dans genou.**

un coquilla___e

un bou___oir

un pi___on

une ___irafe

4 **Complète les phrases par g, gu ou gn.**

Ce ___entil ___arçon s'est fait piquer par une ___êpe.
À la monta___e, on peut ramasser des champi___ons.
En Alsace, on voit des ci___o___es sur les toits.
Maman se pei___e, se fait un beau chi___on
et m'emmène voir Gui___ol.

Les sons [k] et [g]

8

Je révise et je retiens

[k]

quatre coqs **un kangourou**

Le son **[k]** peut s'écrire
avec les lettres **q**, **qu**, **k**
et avec la lettre **c** devant **a**, **o** et **u**.

[g]

un gorille **un guépard**

Le son **[g]** s'écrit
avec la lettre **g** devant **a**, **o** et **u**
et avec les lettres **gu** devant **e**, **i** et **y**.

Je m'exerce

1 Complète la phrase avec c, k, q ou qu.

Au marché, Jean-Lu___ a acheté un ___anard,
un ___ilo de ___iwis, un pa___et de ___afé et
un livre de ___oloriages pour ___arim.

2 Complète par g ou gu.

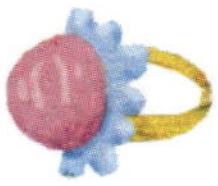

une ba___e • un ___enou • un ___ilet • un rou___e-___or___e • une va___e

3 Barre les mots qui ne contiennent pas le son [g].

géranium • gangster • gazon • gauche • gargouiller • génie • garage • girouette • cagoule

4 Colorie en jaune les lettres qui forment le son [k] et en vert celles qui forment le son [g].

c	o	q	u	i	l	l	a	g	e

s	k	i

n	a	u	t	i	q	u	e

c	a	r	t	e

d	e

g	é	o	g	r	a	p	h	i	e

k	a	n	g	o	u	r	o	u

9 Accents et cédille

Je révise et je retiens

- On peut trouver des accents sur toutes les voyelles, sauf sur le **y**.

la boîte **à côté** **le château** **le goût**

Sur le **e,** les accents modifient la prononciation.

la poupée	un chêne	une sirène
é	ê	è
accent aigu	**accent circonflexe**	**accent grave**
→ son [e]	→ son [ɛ]	→ son [ɛ]

- La cédille **ç** modifie la prononciation du **c** devant **a**, **o** et **u**.

ç → son **[s]** **un glaçon** **la façade** **un reçu**

Je m'exerce

1 Écris les accents qui ont disparu sur le menu. Aide-toi des étiquettes.

crème	lièvre
crêpe	mâche
jardinière	pâté
à	légumes

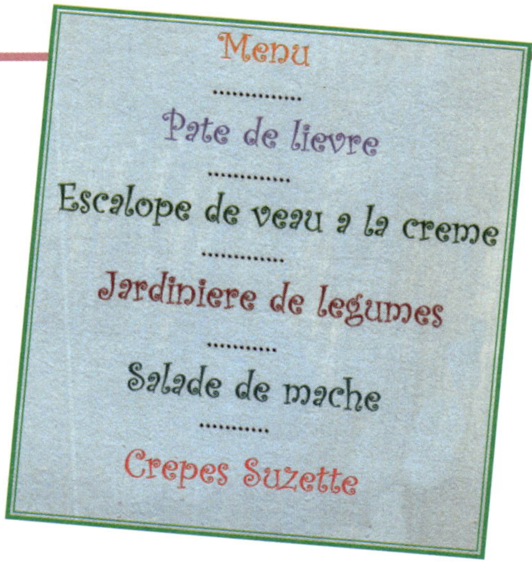

2 Complète les phrases en écrivant é, è ou ê.

C'est la f___te des m___res. Mon p___re a achet___ une cam___ra.

3 Place les cédilles qui manquent.

un garcon • une gercure • un glacon • une glacière • un hamecon • une farce

Le son [e]

Je révise et je retiens

Suivant les mots, le son **[e]** s'écrit de différentes manières.

un dé
é

un pompier
er

le nez
ez

le chien et le chat
et

Je m'exerce

1 Lis à haute voix et barre l'intrus dans chaque série.

- une télévision – le soleil – le bouclier – le tablier – Zoé
- mon cahier – un cendrier – son épée – un hérisson – une sorcière
- déraper – un président – une fenêtre – un éléphant – un cuisinier

2 Entoure les lettres qui produisent le son [e].

une fée • une fusée • un dîner • un canapé • dernier • janvier et février • l'été • un éléphant • une médaille • la vérité • le clocher • une cheminée • pêcher

3 Complète les phrases par é, er, et ou ez.

Cette ann___e au mois de févri___, j'ai achet___ une poup___e ___ un pani___ pour b___b___.
Le bouch___ a un gros n___. Il d___coupe une ___paule d'agneau pour notre dîn___.

4 Recopie les mots dans lesquels tu entends le son [e].

un café • du thé • du sucre • une cuillère • le sucré • le salé • le sel

11 Le son [ɛ]

Je révise et je retiens

Suivant les mots, le son [ɛ] s'écrit de différentes manières.

une sorcière
è

une guêpe
ê

un chalet
et

un hamster
e

une fraise
ai

une reine
ei

Je m'exerce

1 Barre les mots qui ne contiennent pas le son [ɛ].

des crêpes • une languette • un ordinateur • un aigle • un épervier • un cahier • le soleil • un bonnet • du seigle • un plumier • la bouillabaisse • un hôtel • jeudi

2 Entoure la lettre ou les lettres qui forment le son [ɛ].

une baleine • la laine • l'élève • le carnet • le manège • le tourniquet • violet • un balai • du lait • la tempête • une règle • un chef • un lièvre • une pêche

3 Complète les mots avec ai, ei, è, ê ou e.

une cr____me lég____re • une pelote de l____ne • une pi____ce de monn____e • une cr____pe au mi____l

4 Écris le nom de chaque dessin.

une s____________________ 

une b____________________ 

un b____________________ 

du r____________________ 

Le son [ã]

Je révise et je retiens

Suivant les mots, le son **[ã]** s'écrit de différentes manières.

un serpent
en

un banc
an

la tempête
em

un tambour
am

Je m'exerce

1 Entoure les lettres qui produisent le son [ã].

Mon frère Laurent est un garnement : il m'embête tout le temps. Il mange mon croissant et m'empêche de jouer à la balançoire quand mes parents ont le dos tourné.

2 Complète les phrases avec an ou en ; écris am ou em devant m, b ou p.

P____d____t les vac____ces, ma mam____ m'____mène c____per sous la t____te. Ma t____te m'____brasse et me donne des m____darines et des clém____tines.

3 Barre les mots qui ne contiennent pas le son [ã].

un ami • gagnant • avant • une ambulance • un renard • un enfant • cinquante • cent • empaqueter

4 Écris le nom de chaque dessin.

*une j*________________

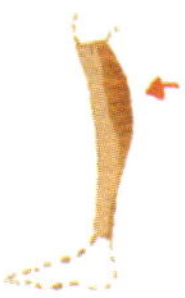

*une d*________________

*un d*________________

*un c*________________

13 Le son [ɛ̃]

Je révise et je retiens

Suivant les mots, le son [ɛ̃] s'écrit de différentes manières.

un lapin
in

un train
ain

un daim
aim

le timbre
im

du thym
ym

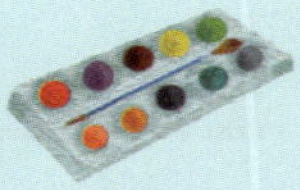
la peinture
ein

un lynx
yn

Je m'exerce

1 Trouve et barre les trois intrus.

du pain • les freins • la laine • les copains • une machine • le magicien • le sien • combien • les Italiens • une princesse • une ceinture • une coquine • des oursins

2 Complète avec in, im, ain ou aim.

une m______ un lut______ un ______perméable J'ai f______ !

3 Entoure les lettres qui forment le son [ɛ̃].

Viens mon poussin malin, on va faire un câlin sur les coussins.

4 Écris le nom de chaque dessin.

un p______ à glace du p______ une t______

Les sons [j] et [ɲ] 14

Je révise et je retiens

- Suivant les mots, le son **[j]** peut s'écrire **y**, **il** ou **ill**.

  une fille joyeuse **un rail**

- Le son **[ɲ]** s'écrit **gn**.

  une araignée

Je m'exerce

1 **Entoure les lettres qui produisent le son [j].**

Maya veut échanger ses billes contre un beau coquillage qui brille comme du vermeil. Yoann adore la glace aux myrtilles et la crème chantilly.

2 **Complète les mots avec y, il ou ill.**

une fam____e

les ____eux

un pap____on

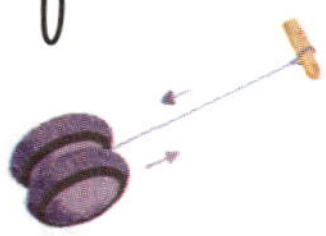

un ____o-____o

de la pa____e

le sole____

3 **Barre les trois intrus.**

une signature • la montagne • une vague • un beignet • un singe • une cigogne • un peignoir • un poignet • un piano

4 **Recopie les mots sous la bonne étiquette.**

mignon • soigner • bouillie • peigne • maillot • soyeux

[j]	[ɲ]

15 Les noms en -ail, -eil, -euil, -ouil

Je révise et je retiens

Les noms masculins qui se terminent par les sons -**ail**, -**eil**, -**euil** ou -**ouil** s'écrivent en général avec un seul **l**.

le réveil **un éventail** **un écureuil** **du fenouil**

Les noms féminins s'écrivent avec **lle**.

une médaille **une bouteille** **une feuille** **une citrouille**

Je m'exerce

1 Complète les mots par l ou lle.

Maman a préparé des feui____s de salade avec du fenoui____,
de l'ai____ et du cerfeui____.
Le solei____ s'est caché, tu devrais enfiler ton chandai____.

2 Complète les mots par -aille, -eille, -euille ou -ouille.

une gren________

une f________

une or________

de la p________

3 Colorie chaque mot de la couleur du déterminant qui lui convient.

bouteille	un	andouille
chevreuil	une	broussaille
portail		fauteuil

4 Écris le nom de chaque dessin.

un o____________

une a____________

Les lettres muettes 16

Je révise et je retiens

Certains mots se terminent par des lettres qui ne se prononcent pas.

un enfant gentil

Pour savoir écrire ces mots, on peut les mettre au féminin
ou chercher un mot de la même famille.

gentil → gentille **enfant → enfantin**

Je m'exerce

1 Entoure les lettres finales qui ne se prononcent pas.

un robot • un palais • toujours • un nid • un banc • une brebis

2 Relie les mots de la même famille, puis écris la lettre qui manque.

sportif •	• le do__
accorder •	• du spor__
dossard •	• un accor__

3 Barre l'intrus.

du lilas • un asticot • un bloc • un sirop • la toux • trop

4 Écris les phrases au masculin.

C'était une géante grosse et grasse.

C'était ____________________

C'est une gentille petite chienne.

C'est ____________________

La boulangère est la marchande qui vend du pain.

Le ____________________

17 Jeux et tests sur les lettres

TEST

Coche la bonne proposition.
Tu marques 1 point par réponse juste.

- La **cinquième** lettre de l'alphabet, c'est : A ☐ E ☐ G ☐
- Dans l'**alphabet**, il y a : 24 lettres ☐ 25 lettres ☐ 26 lettres ☐
- Parmi **P**, **p**, p, P, **q** et 𝒫, l'intrus est : p ☐ **q** ☐ 𝒫 ☐
- Avant la lettre **M**, il y a : la lettre L ☐ la lettre N ☐ la lettre O ☐
- Les lettres **O**, **U** et **Y** sont : des voyelles ☐ des consonnes ☐
- Il n'y a jamais d'accent sur la lettre : a ☐ u ☐ y ☐

TOTAL : ...... /6

1 Lettre d'amour.
Sauras-tu déchiffrer le message ?

L N é D si D :
L M R V,
C son R O !

____

____

____

2 Classe ces capitales dans l'ordre alphabétique pour découvrir le mot qui correspond à la définition. Place-les dans la grille et relève les lettres en rose.

Paris Rome Londres Budapest
Bagdad Madrid

C'est le mari de ma fille, c'est mon ______________________.

Jeux et tests sur les sons 18

TEST

Coche la bonne proposition. Tu marques 1 point par réponse juste.

- Devant un A, un O ou un U, la lettre **C** produit le son : **[s]** ☐ **[k]** ☐ **[z]** ☐
- La lettre **S** produit toujours le son **[s]** : vrai ☐ faux ☐
- La lettre **Z** produit toujours le son **[z]** : vrai ☐ faux ☐
- La lettre **G** produit toujours le son **[g]** : vrai ☐ faux ☐
- On entend le son **[s]** dans : bêtise ☐ cousin ☐ oursin ☐
- On entend le son **[z]** dans : nez ☐ salade ☐ bisou ☐
- On entend le son **[ʃ]** comme dans **chat** dans : harpe ☐ niche ☐ photo ☐
- On entend le même son à la fin de **maman** et dans : temps ☐ carnaval ☐ main ☐

TOTAL : ...... /8

1 Observe le dessin et trouve trois mots où tu entends le son [g] comme dans gomme, trois mots où tu entends le son [ʒ] comme dans jupe et trois mots où tu entends le son [ɲ] comme dans baignoire.

....

....

....

....

....

....

....

....

....

19 Les mots

Je révise et je retiens

Un mot est un ensemble ordonné de lettres qui a un sens. Quand on change l'ordre des lettres, soit on change le sens du mot, soit le mot n'a plus aucun sens.

chien

niche

~~cenih~~

Je m'exerce

1 Écris les lettres dans l'ordre pour former des mots.

nu bolava

____

el olyts teloiv

____

enu srednai

____

2 Écris la phrase en séparant les mots.

Mamanneveutpasquejedisedesgrosmots.

3 En barrant quelques lettres, tu trouveras un nouveau mot. Écris-le.

potage

____

pêcheur

____

casquette

____

4 Assemble les étiquettes par trois pour former trois mots. Écris-les.

bi | cre | ta | cy | mer | pan | di | lon | clette

______________________ ______________________ ______________________

Les homonymes

Je révise et je retiens

Les **homonymes** sont des mots qui se prononcent de la même façon, mais qui n'ont pas le même sens et souvent pas la même orthographe.

un renne

une reine

Je m'exerce

1 Relie chaque mot à son dessin.

- un pin
- un pain

- un point
- un poing

- un ver
- un verre

- un ballet
- un balai

2 Complète le texte avec les homonymes suivants : vert, verre ou ver.

Louisa a trouvé un ________ de terre. Elle l'a ramassé et l'a mis dans un pot en ________ . Son frère Romain en est devenu tout ________ de dégoût.

3 Trouve un homonyme pour chaque mot et écris le.

un coup ________________ une mûre ________________

la mère ________________ un maître ________________

21 Les synonymes

Je révise et je retiens

Les **synonymes** sont des mots qui veulent dire la même chose ou qui ont presque le même sens.

un vélo  **une bicyclette**

Je m'exerce

1 Colorie de la même couleur les synonymes des noms suivants.

enfant	chapeau	bateau	gâteau
barque	biscuit	casquette	gosse
gamin	canot	pâtisserie	béret

2 Complète le tableau en plaçant sous chaque verbe ses synonymes.

adorer • appeler • chérir • croquer • grignoter • hurler

aimer	manger	crier

3 Recopie la phrase en remplaçant chaque mot souligné par son synonyme. Attention au déterminant !

le bureau – le maître – le mur

<u>Le professeur</u> a poussé <u>la table</u> contre <u>la cloison</u>.

____

4 Barre l'intrus.

jolie • belle • adorable • stupide • charmante • mignonne

Les familles de mots

22

Je révise et je retiens

On retrouve dans certains mots une même idée et un même groupe de lettres qu'on appelle la **racine** du mot. Ces mots forment une famille.

nage **nager** **un nageur** **une nageoire** **une nageuse**

Je m'exerce

1 Colorie de la même couleur les mots de la même famille.

bouillir	dentition	plumeau
plumage	bouillie	poème
dentifrice	poète	bouillon
poésie	plumier	dentier

2 Trouve un mot de la même famille.

- plongeur – plongée – plongeon ______________________
- pelletée – pelleteuse – pelleter ______________________
- glacier – glaçon – glacial ______________________

3 Complète ces mots de la même famille en utilisant les lettres suivantes.

i c f f o

un ________eur

une ________ure

une ________euse

se ________er

23 L'ordre alphabétique

Je révise et je retiens

Les lettres de l'alphabet sont toujours rangées dans le même ordre.
L'ordre alphabétique sert à classer et à chercher les mots dans le dictionnaire.
Il faut savoir l'alphabet par cœur.

a b c d e f g h i j k l m n o p q r s t u v w x y z

a b c d e f g h i j k l m n o p q r s t u v w x y z

- Pour classer des mots dans l'ordre alphabétique, on regarde leur première lettre.

biche vient avant cerf **faon vient après cerf**

- Si les mots ont la même première lettre, on regarde la deuxième, puis la troisième, et ainsi de suite.

tasse → tête → tirelire → toupie → train
table → tambour → tante → tapis → tasse

Je m'exerce

1 Écris la lettre qui vient avant et celle qui vient après dans l'alphabet.

___ c ___ ___ x ___ ___ f ___ ___ u ___ ___ m ___ ___ j ___

2 Écris les mots suivants à leur place.

violon • navette • légume • folie • poulpe • tuyau • idée

avril		gadoue		jeudi
	main		ordinateur	
sucette		Uranus		zébu

3 Classe les mots suivants dans l'ordre alphabétique.

lampe • louche • lit • lys • lumière • légume

1 ______ 2 ______ 3 ______

4 ______ 5 ______ 6 ______

Découvrir le dictionnaire 24

Je révise et je retiens

Un dictionnaire est un livre qui contient tous les **mots** d'une langue. Les mots y sont rangés **dans l'ordre alphabétique**. Chaque mot est suivi de sa **définition**.

Entre le mot et sa définition, on peut trouver d'autres renseignements sur le mot : sa classe, son genre, son type, son pluriel s'il est irrégulier.

Ces renseignements sont donnés sous forme d'abréviations :
n.m. signifie **nom masculin**, **n.f.** signifie **nom féminin**, **v.** signifie **verbe**.

dépanner	**v.**	**Réparer une panne.**
pipeau	**n.m.**	**Petite flûte à six trous.**
pivoine	**n.f.**	**Plante à bulbe qui donne de belles fleurs.**

Je m'exerce

1 Trouve le mot qui correspond à la définition.

__________ n.f. Ustensile de table servant à piquer la nourriture.

__________ n.m. Tour d'une église dans laquelle sont les cloches.

__________ v. Faire une tache.

__________ n.f. Fruit du pommier

2 Relie chaque mot à sa définition.

Enfant qui fréquente l'école. •	• loupe
Faire des grimaces. •	• lit
Meuble sur lequel on se couche. •	• grimacer
Lentille de verre grossissante. •	• Paris
Capitale de la France. •	• écolier

25 La phrase

Je révise et je retiens

La phrase est une suite de mots qui a un sens.
Elle commence par une **majuscule** et se termine par un **point**.

Il pleut très fort. **Je caresse mon chat.**

Je m'exerce

1 Écris les majuscules et place les points aux bons endroits.

____e coureur franchit la ligne ____a foule des spectateurs l'applaudit ____l a gagné

2 Remets les étiquettes en ordre et écris la phrase.

et | Nous | les jeux vidéo. | adorons | animés | les dessins

3 Place les points qui manquent dans le texte suivant.
Combien y a-t-il de phrases ?

Éva dort Elle ronfle légèrement et pousse quelques soupirs Soudain le réveil sonne Elle s'éveille C'est le matin

→ *Il y a ____ phrases.*

4 Combien de phrases peux-tu écrire avec les étiquettes suivantes ?
Écris-les en ajoutant la majuscule et le point.

le garçon | la fille | embrasse | de la classe → *Il y a ____ phrases.*

La phrase interrogative 26

Je révise et je retiens

La phrase **interrogative** sert à poser une **question**.

Elle se termine par un **point d'interrogation**.

Pourquoi pleures-tu ?

Il y a plusieurs façons d'interroger :

As-tu déjà faim ? **Est-ce que le poulet est cuit ?**

Je m'exerce

1 Complète les phrases par un point d'interrogation (?) ou par un point (.).

Le dîner est-il prêt ___ Oui, il est prêt ___ La bouteille d'eau est sur la table ___

As-tu coupé le pain ___ La salière est vide ___ Veux-tu la remplir ___

2 Écris les points d'interrogation et les points.
Relie chaque question à la réponse correspondante.

A-t-il de la fièvre •	• Il fait beau
Est-ce que tu t'es baigné hier •	• Non, il a trente-sept
Quel temps fait-il •	• Oui, l'eau était délicieuse

3 Écris la question correspondant à chaque réponse.

_______________ J'ai sept ans.

_______________ Je m'appelle Laura.

4 Écris l'autre façon d'interroger.

Est-ce que tu as perdu ton ballon ? _______________

Joues-tu au foot ? _______________

27 La phrase négative

Je révise et je retiens

La phrase négative sert à dire le **contraire** de ce que dit la phrase affirmative.

Sophie dort.	**Sophie ne dort pas.**
phrase affirmative	**phrase négative**

On utilise la **négation ne ... pas ou ne ... jamais**.

Papa ne dort pas.	**Papa ne dort jamais.**

Devant une voyelle, **ne** devient **n'**. **Je n'aime pas la soupe.**

Je m'exerce

1 Réponds à chaque question par une phrase négative.

- Est-ce que tu peux respirer dans l'eau sans tuba ?

Non, je ____________________

- Est-ce que tu sais nager sans bouée ?

Non, je ____________________

2 Écris le contraire de chaque phrase.

- La lune ne brille pas ce soir. ____________________
- Les étoiles ne sont pas très nombreuses, cette nuit.

____

3 Colorie les étiquettes qui forment une phrase négative, puis écris-la.

Oui,	le soleil	aiment sauter	jamais	de briller.
Non,	jouer	elles	ne	s'arrête	à l'élastique.

____

4 Transforme les phrases négatives en phrases affirmatives en barrant les négations.

Mes devoirs ne sont pas faits. Papa n'est pas rentré. Le couvert n'est pas mis. Maman n'est pas contente.

Le texte 28

Je révise et je retiens

Un texte est une suite de phrases qui peut donner des informations ou raconter une histoire. Il peut avoir un titre.

Une visite à l'étable.

Pour la première fois de sa vie, Myriam entre dans une étable. D'abord, elle sent une très forte odeur de bouse. Puis ses yeux s'habituent à l'obscurité et elle commence à voir clair. Sans trop regarder les énormes vaches aux derrières crottés qui la dégoûtent et lui font peur, elle va vers le tout petit veau, né cette nuit. Elle caresse son pelage très doux et elle le laisse lécher sa main. Puis elle se tourne vers son père qui est resté devant la porte et dit : « Papa, tu sais, plus tard, je serai fermière. »

Je m'exerce

1 Colorie la bonne étiquette.

Il y a [sept] [cinq] [neuf] phrases dans ce texte.

2 Recopie le titre de l'histoire.

____

3 Coche les bonnes réponses.

- Qu'est-ce qui fait peur à Myriam ?
  ☐ l'orage ☐ le fermier ☐ les grosses vaches
- Où se passe cette histoire ?
  ☐ dans un immeuble ☐ dans une ferme ☐ dans une grotte
- À qui Myriam s'adresse-t-elle ?
  ☐ à son père ☐ à sa mère ☐ à son chien
- Quel métier veut faire Myriam plus tard?
  ☐ vétérinaire ☐ infirmière ☐ fermière

29 La ponctuation

Je révise et je retiens

- Le **point** termine la phrase ou sépare deux phrases.
  Je pleure. Tu ris.
- La **virgule** sépare deux morceaux de la même phrase.
  Dans la forêt, j'ai vu un loup.
- Le **point d'interrogation** sert à poser une question.
  As-tu vu un loup ?
- Le **point d'exclamation** sert à marquer la surprise, la colère ou l'admiration.
  Non ! Ce n'est pas possible !

Je m'exerce

1 Complète avec un point ou une virgule.

Le petit chat ◯ sans aucune peur ◯ s'approche du gros chien ◯
Celui-ci le regarde ◯ tourne la tête ◯ pousse un gros soupir et s'endort ◯

2 Complète avec un point d'interrogation ou un point d'exclamation.

À l'aide ◯ Au secours ◯ Avez-vous vu mon canari ◯
Est-ce toi qui a ouvert la cage ◯

3 Relie chaque phrase à son signe de ponctuation.

Au feu •	• ? •	• Le tuyau est-il branché
Appelle les pompiers •	• ! •	• Vite
Connais-tu le numéro •		• Aidez-nous

4 Complète par . , ! ou ?.

Est-ce que tu as faim ◯ Je prépare le café ◯ le pain grillé et les œufs ◯
Zut ◯ j'ai oublié le jus d'orange ◯

Corrigés

L'ordre de la présentation des fiches dans ce cahier est une proposition de progression à l'intérieur de chacune des parties du programme.
Les instructions officielles laissant chaque professeur des écoles libre de l'ordre dans lequel il aborde le programme, il est recommandé d'utiliser ce cahier parallèlement à la progression suivie en classe.

Lecture, écriture : les sons et les mots

1 Les lettres

1. Colorier de la même couleur 𝓑 et 𝓫 • 𝓡 et 𝓻 • A et a • 𝓿 et v • 𝓸 et o.
2. *Graphisme à faire contrôler par un adulte.*
3. **L**e tour de **F**rance ne passe pas à **B**ordeaux cette **a**nnée, mais il fait plusieurs **é**tapes en **B**retagne.
4. Barrer 2 • $ • ? et △

2 La lettre s

1. une mai[s]on – des gro[s]eilles – les sai[s]ons – un vali[s]e – la jalou[s]ie – une pau[s]e – une sotti[s]e
2. ~~mon cousin~~ – ~~le fusil~~
3. un **s**alon – une ta**ss**e – une bour**s**e – un **s**tylo – une bo**ss**e
4. un **s**inge – un oi**s**eau

3 La lettre t

1. une opération – une punition
2. Pa**t**rick a perdu ses lace**t**s **et** a déchiré son gile**t** viole**t**.
   Il peut remplir son gobele**t** au robine**t** pour avaler **ta** po**t**ion.
   Vous pouvez jouer avec vos pis**t**ole**t**s à eau, mais fai**t**es a**tt**en**t**ion.
3. le perroquet – les Martiens – un tabouret

4 La lettre h

1. une dou[ch]e – la [ch]aleur – un [ch]ignon [ch]ic – des [ch]iffres – une é[ch]arpe
2. [Ph]ilomène est un [ph]énomène. Elle se déguise par[f]ois en [ph]araon ou en [f]ée.
   Les nénu[ph]ars sont des [f]leurs [f]ragiles et é[ph]émères.
   Théo[ph]ile s'est cassé la troisième [ph]alange de l'auriculaire.
3. Je suis la **pharmacie.** • Je suis un **éléphant.**
4. un **ph**are – une **h**irondelle – un ca**h**ier – un **ch**ameau – un **h**ypermar**ch**é

5 Le son [s]

1. ~~cousin~~ – ~~petit~~
2. un la[c]et – un cale[ç]on – une acroba[t]ie – des bui[ss]ons – un [c]ygne – un o[s] – un croi[ss]ant
3. une **c**erise – un **c**itron – une bro**ss**e – un cou**ss**in – un **s**ac – une balan**ç**oire
4. e**s**père – aper**c**evoir – **S**abrina – **c**e – **s**oir

6 Le son [z]

1. un mu[s]ée – un [z]ébu – un [z]ig[z]ag – un tré[s]or – une noi[s]ette– du ga[z]
2. ~~un poussin~~
3. un **z**èbre – une ceri**s**e – une ro**s**e – un maga**z**ine – une ardoi**s**e
4. J'ai eu on**z**e en mu**s**ique.
   Zoé a eu **z**éro parce qu'elle a fait le **z**ouave.
   Mon ca**s**ier est tout en dé**s**ordre.
   Loui**s**e et Su**z**on sont assi**s**es sur la pelou**s**e devant le mimo**s**a.

7 La lettre g

1. un sin[g]e – un [g]igot – une blague – une ca[g]e – une guenon
2. ~~une aiguille~~
3. un coquilla**ge** – un bou**geo**ir – un pi**geo**n – une **g**irafe
4. Ce **g**entil **g**arçon s'est fait piquer par une **gu**êpe.
   À la monta**gn**e, on peut ramasser des champi**gn**ons.
   En Alsace, on voit des ci**go**g**n**es sur les toits.
   Maman se pei**gn**e, se fait un beau chi**gn**on et m'emmène voir Gui**gn**ol.

8 Les sons [k] et [g]

1. Au marché, Jean-Luc a acheté un **c**anard, un **k**ilo de **k**iwis, un pa**qu**et de **c**afé et un livre de **c**oloriages pour **K**arim.
2. une ba**gu**e – un **g**enou – un **g**ilet – un rou**g**e-**g**orge – une va**gu**e
3. ~~géranium~~ – ~~génie~~ – ~~girouette~~
4. coquillage – ski nautique – kangourou – carte de géographie

9 Accents et cédille

1. P**â**té de li**è**vre – Escalope de veau **à** la cr**è**me – Jardini**è**re de l**é**gumes – Salade de m**â**che – Cr**ê**pes Suzette
2. C'est la f**ê**te des m**è**res. Mon p**è**re a achet**é** une cam**é**ra.
3. un gar**ç**on – une ger**ç**ure – un gla**ç**on – un hame**ç**on

10 Le son [e]

1. le ~~soleil~~ – une ~~sorcière~~ – une ~~fenêtre~~
2. une fée – une fusée – un dîner – un canapé – dernier – janvier et février – l'été – un éléphant – une médaille – la vérité – le clocher – une cheminée – pêcher
3. Cette ann**é**e au mois de févri**er**, j'ai achet**é** une poup**é**e **et** un pani**er** pour b**é**b**é**.
   Le bouch**er** a un gros n**ez**. Il **d**écoupe une **é**paule d'agneau pour notre dîn**er**.
4. un café – du thé – le sucré – le salé

11 Le son [ɛ]

1. un ~~ordinateur~~ • un ~~épervier~~ • un ~~cahier~~ • un bonnet (selon prononciations régionales) • un ~~plumier~~ • ~~jeudi~~
2. une baleine • la laine • l'élève • le carnet • le manège • le tourniquet • violet • un balai • du lait • la tempête • une règle • un chef • un lièvre • une pêche
3. une crème lég**è**re • une pelote de l**ai**ne • une pi**è**ce de monn**ai**e • une cr**ê**pe au mi**e**l
4. une soupière – une baleine – un bonnet – du raisin

12 Le son [ã]

1. Mon frère Laurent est un garnement : il m'embête tout le temps. Il mange mon croissant et m'empêche de jouer à la balançoire quand mes parents ont le dos tourné.
2. P**en**d**an**t les vac**an**ces, ma mam**an** m'**em**mène c**am**per sous la t**en**te.
   Ma t**an**te m'**em**brasse et me donne des m**an**darines et des clém**en**tines.
3. un ~~ami~~ – un ~~renard~~
4. une jambe – une danseuse – un dentiste – un camembert

13 Le son [ɛ̃]

1. la ~~laine~~ – une ~~machine~~ – une ~~coquine~~
2. une m**ain** – un lut**in** – un **im**perméable – J'ai f**aim** !
3. Viens mon poussin malin, on va faire un câlin sur les coussins.
4. un patin à glace – du pain – une timbale

14 Les sons [j] et [ɲ]

1. Maya veut échanger ses billes contre un beau coquillage qui brille comme du vermeil. Yoann adore la glace aux myrtilles et la crème chantilly.
2. une fami**ll**e – les **y**eux – un papi**ll**on – un **y**o-**y**o – de la pai**ll**e – le sole**il**
3. une ~~vague~~ – un ~~singe~~ – un ~~piano~~
4. [j] : bouillie – maillot – soyeux
   [ɲ] : mignon – soigner – peigne

15 Les noms en -ail, -eil, -euil, -ouil

1. Maman a préparé des feui**ll**es de salade avec du fenoui**l**, de l'ai**l** et du cerfeui**l**.
   Le solei**l** s'est caché, tu devrais enfiler ton chandai**l**.
2. une gren**ouille** – une f**euille** – une or**eille** – de la p**aille**
3. un chevreuil / un portail / un fauteuil
   une bouteille / une andouille / une broussaille
4. un orteil – une abeille

16 Les lettres muettes

1. un robot – un palais – toujours – un nid – un banc – une brebis
2. sportif → du spor**t** • accorder → un accor**d** • dossard → le do**s**
3. un ~~bloc~~
4. C'était un géant gros et gras.
   C'est un gentil petit chien.
   Le boulanger est le marchand qui vend du pain.

17 Jeux et tests sur les lettres

Test La 5ᵉ lettre de l'alphabet est le E (réponse 2) • Dans l'alphabet, il y a 26 lettres (réponse 3) • L'intrus est q (réponse 2) • Avant la lettre M, il y a la lettre L (réponse 1) • Les lettres O, U et Y sont des voyelles (réponse 1) • Il n'y a jamais d'accent sur la lettre Y (réponse 3).

1. Hélène est décidée : elle aime Hervé, c'est son héros !

2.

B	A	**G**	D	A	D		
B	U	D	A	P	**E**	S	T
L	O	**N**	D	R	E	S	
M	A	D	R	I	**D**		
P	A	**R**	I	S			
R	O	M	**E**				

C'est le mari de ma fille, c'est mon **gendre**.

18 Jeux et tests sur les sons

Test le son [k] (réponse 2) • faux, par exemple une rose (réponse 2) • faux, par exemple un nez (réponse 2) • faux, par exemple un nuage (réponse 2) • oursin (réponse 3) • bisou (réponse 3) • niche (réponse 2) • temps (réponse 1).

1. • un **g**âteau (que mange la girafe) – des al**gu**es – une **g**lace (que mange le singe)
• un coquilla**ge** – un sin**ge** – une **g**irafe
• des champi**gn**ons – un cy**gn**e – un pei**gn**e

Lecture : compréhension

19 Les mots

1. un lavabo – un stylo violet – une sardine
2. Maman ne veut pas que je dise des gros mots.
3. pot – pêche – casque
4. bicyclette – mercredi – pantalon

20 Les homonymes

1.  → un pin — un pain → 
un point →  —  → un poing
 → un verre — un ver → 
un ballet → 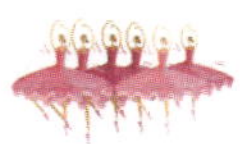 — → un balai 

2. Louisa a trouvé un **ver** de terre. Elle l'a ramassé et l'a mis dans un pot en **verre**. Son frère Romain en est devenu tout **vert** de dégoût.

3. un coup → le cou • une mûre → un mur • la mère → la mer • un maître → un mètre

21 Les synonymes

1. enfant – gosse – gamin / chapeau – casquette – béret / bateau – barque – canot / gâteau – biscuit – pâtisserie

2.

aimer	manger	crier
adorer	croquer	appeler
chérir	grignoter	hurler

3. <u>Le maître</u> a poussé <u>le bureau</u> contre <u>le mur</u>.
4. ~~stupide~~

22 Les familles de mots

1. bouillir – bouillie – bouillon / plumage – plumier – plumeau / dentifrice – dentition – dentier / poésie – poète – poème

2. • plonger, plongeoir ou plongeuse • pelle • glace, glacière, glaciation…

3. un coiffeur – une coiffure – une coiffeuse – se coiffer

23 L'ordre alphabétique

1. b – c – d • w – x – y • e – f – g • t – u – v • l – m – n • i – j – k

2.

avril	**folie**	gadoue	**idée**	jeudi
légume	main	**navette**	ordinateur	**poulpe**
sucette	**tuyau**	Uranus	**violon**	zébu

3. 1. lampe – 2. légume – 3. lit – 4. louche – 5. lumière – 6. lys

24 Découvrir le dictionnaire

1. fourchette – clocher – tacher – pomme

2.

Enfant qui fréquente l'école	→	écolier
Faire des grimaces.	→	grimacer
Meuble sur lequel on se couche.	→	lit
Lentille de verre grossissante.	→	loupe
Capitale de la France.	→	Paris

25 La phrase

1. **L**e coureur franchit le ligne**. L**a foule des spectateurs l'applaudit**. I**l a gagné**.**

2. Nous adorons les dessins animés et les jeux vidéo.

3. **É**va dort**. E**lle ronfle légèrement et pousse quelques soupirs**. S**oudain le réveil sonne**.**
Elle s'éveille**. C**'est le matin**.**
→ Il y a 5 phrases.

4. Le garçon embrasse la fille de la classe.
La fille embrasse le garçon de la classe.
Il y a deux phrases.
Certains enfants auront peut-être trouvé les deux phrases supplémentaires possibles :
Le garçon de la classe embrasse la fille.
La fille de la classe embrasse le garçon.

26 La phrase interrogative

1. Le dîner est-il prêt ? Oui, il est prêt. La bouteille d'eau est sur la table. As-tu coupé le pain ? La salière est vide. Veux-tu la remplir ?

2. A-t-il de la fièvre ? → Non, il a trente-sept.
Est-ce que tu t'es baigné hier ? → Oui, l'eau était délicieuse.
Quel temps fait-il ? → Il fait beau.

3. Quel âge as-tu ? J'ai sept ans.
Comment t'appelles-tu ? (ou Comment tu t'appelles ? familier).

4. As-tu perdu ton ballon ? Est-ce que tu joues au foot ?

27 La phrase négative

1. Non, je **ne** peux **pas** respirer dans l'eau sans tuba.
Non, je **ne** sais **pas** nager sans bouée.

2. La lune brille ce soir.
Les étoiles sont très nombreuses, cette nuit.

3. Non, | le soleil | ne | s'arrête | jamais | de briller.
Non, le soleil ne s'arrête jamais de briller.

4. Mes devoirs ~~ne~~ sont ~~pas~~ faits. Papa ~~n'~~est ~~pas~~ rentré. Le couvert ~~n'~~est ~~pas~~ mis. Maman ~~n'~~est ~~pas~~ contente.

28 Le texte

1. Il y a 7 phrases dans le texte.

2. Une visite à l'étable.

3. les grosses vaches • dans une ferme • à son père • fermière

29 La ponctuation

1. Le petit chat**,** sans aucune peur**,** s'approche du gros chien**.** Celui-ci le regarde**,** tourne la tête**,** pousse un gros soupir et s'endort**.**

2. À l'aide **!** Au secours **!** Avez-vous vu mon canari **?** Est-ce toi qui a ouvert la cage **?**

3. Au feu **!** Appelle les pompiers **!** Connais-tu le numéro **?** Le tuyau est-il branché **?** Vite **!** Aidez-nous **!**

4. Est-ce que tu as faim **?** Je prépare le café**,** le pain grillé et les œufs**.** Zut**,** j'ai oublié le jus d'orange **!**

30 Quelques mots outils

1. pendant – souvent – toujours – beaucoup – depuis

2. **Malgré** la pluie, nous prenons un bain de mer. Papa a installé un hamac **à** l'ombre, **entre** les arbres.
Il fait vraiment **trop** chaud **sous** la tente.

3. **Hier**, j'étais malade. **Aujourd'hui**, je vais mieux. **Demain**, je retournerai à l'école.

31 Se repérer dans le temps

1. Aujourd'hui, je regarde par la fenêtre. → Présent
Hier, j'ai mangé tout le chocolat. → Passé
Demain, je lirai ce livre. → Futur

2. Maintenant, je nage dans la piscine. → Présent
Demain, je n'irai pas à l'école. → Futur
Actuellement, je recopie mon devoir. → Présent
Hier, j'ai mangé trop de cerises. → Passé
Aujourd'hui, je souffre d'un mal de dents. → Présent
Dans deux semaines, je partirai en colonie. → Futur

32 La notion de personne

1.
- **Tu** bavardes trop avec ton voisin.
- Dans le train fantôme, **nous** hurlons de frayeur.
- **Je** me balance sur ma chaise, ce qui énerve ma mère.
- **Il** se promène sans laisse, ce qui est interdit.
- **Ils** grimpent en cordée.
- **Vous** lâchez la perche quand vous êtes en haut de la piste.

2. Tu ne bois pas cette eau sale.
→ 2e personne du singulier
Elle déteste la marmelade d'oranges.
→ 3e personne du singulier
Ils chantent à plusieurs voix.
→ 3e personne du pluriel
Je rigole. → 1re personne du singulier
Nous marchons sur un sentier de montagne.
→ 1re personne du pluriel
Aimez-vous les jeux vidéo ?
→ 2e personne du pluriel

33 Jeux et tests sur les mots

Test faux (réponse 2) • toujours (réponse 3) • temps / tant : des homonymes (réponse 2) • sale / salle : des homonymes (réponse 2) • moment / instant : des synonymes (réponse 1) • pas beaucoup (réponse 2) • bond (réponse 3) • un dictionnaire (réponse 2).

1. BOULE – ANGE – HEURE – RIZ
On achète le pain à la **boulangerie**.
PAS – RAT – PLUIE
On se protège de la pluie avec un **parapluie**.

2.

		A				A	
		B	A	N	A	N	E
		R		O		A	
	K	I	W	I		N	
		C		X		A	
		O				S	
C	I	T	R	O	N		

34 Jeux et tests de lecture

Test interrogative (réponse 1) • négative (réponse 2) • garniture (réponse 2) • passage (réponse 3).

1. BAS – LAINE → Je vois une **baleine** !
   PAS – QUEUE – B'EAU → Mais non, c'est un **paquebot** !
2. BOUE – SOL → C'est la **boussole** !

Écriture : orthographe et grammaire

35 n devant m, b, p

1. ca**m**per – une co**m**pote – e**m**poisonner – lo**n**gte**m**ps – un cha**m**pignon – un ti**m**bre – un po**m**pier – un se**n**tier – une te**m**pête – un po**n**t – une a**m**poule – un i**m**prudent – un fa**n**tôme – un pi**n**gouin
2. • J'ai emprunté une ampoule au voisin pour remplacer celle de la lampe de ma chambre.
   • À la tombola de mon école, j'ai gagné une timbale et un lampion.
   • Mon oncle a un emploi du temps compliqué, il est souvent absent de sa maison.
3. C'est un compas. • Elle lui ressemble.

36 Le singulier et le pluriel

1. un petit chat noir
2. singulier : un – le – la – une
   pluriel : deux – plusieurs – des – les – dix
3. Pour faire **une** ronde, il faut **plusieurs** enfants. Pour faire **des** crêpes, il faut **une** poêle et **une** louche.

37 Le pluriel des mots terminés par s, z ou x

1. La souris a mangé un radis et un petit pois sur le tapis.
2. le pas – la trace – la noix – le cache-nez – l'aile – du gaz
3. Colorier : bras – printemps – voix – riz – rhinocéros – os
4. des bras – des bruits – des chats – des choix

38 Le pluriel des noms en -al, -ail

1. un cristal → des crist**aux** • un canal → des can**aux**
   un chacal → des chac**als** • un bal → des b**als**
2. des généraux – des bocaux – des éventails – des animaux
3. un journal → singulier / des journ**aux** → pluriel
   un trav**ail** → singulier / des travaux → pluriel
4. un végétal – de l'émail – un hôpital – un pinceau – un couteau – du corail

39 Le pluriel des noms en -ou

1. Elle est tombée sur les gen**oux**.
   Passe-moi la boîte de cl**ous**.
   Je ne trouve plus mes bij**oux**.
   Entends-tu les couc**ous** et les hib**oux** ?
   Le bébé a jeté tous ses jouj**oux**.
   Il a creusé des tr**ous**.
2. Les **cous** des girafes sont très longs.
   Les **poux** adorent les cheveux des enfants.
3. des trous • des choux • des doudous • des cailloux • des sous • des caribous • des bambous • des matous

40 Le pluriel des noms en -au, -eau, -eu

1. Il faut bien connaître les ois**eaux** pour distinguer le moin**eau** du corb**eau**.
   Pour la plage, nous emmènerons les s**eaux**, les rât**eaux** et le cerc**eau**.
   Le chevr**eau** et l'agn**eau** sont très b**eaux**.
2. des jeu**x** – des pieu**x** – des cheveu**x** – des pneu**s**
3. des ciseau**x** – des manteau**x** – des bleu**s** – des lionceau**x** – des landau**s** – des bateau**x** – des adieu**x** – des drapeau**x**
4. **un** perdreau – **des** poireaux – **des** bleus – **des** pruneaux – **un** couteau – **un** préau

41 Le masculin et le féminin

1. **une** pomme – **un** pantalon – **une** purée – **une** douleur – **un** nageur – **une** pelle – **un** préau – **un** plumier – **une** leçon – **un** caleçon – **une** cité – **un** pâté
2. bonbon – sucette – dragée – chewing-gum – phare – tabouret – vérité – sauce
3. batterie → féminin • harmonica → masculin • violon → masculin • flûte → féminin • harpe → féminin • trombone → masculin
4. ananas – citrons – melons

42 Le nom

1. En rose : Avignon, Clara, Picasso, Babar et Méditerranée
   En violet : pont, manteau, boucle, oreille, tableaux, roi, éléphants et mer.

2. L'âne brait. Le chat miaule. Le hibou hulule. La vache meugle.

3. le château de Versailles – le savon de Marseille

4. Clara va aller au théâtre à Paris avec sa classe. La maîtresse a retenu les places. Noé préfèrerait aller à la piscine.

43 Le groupe du nom

1. le vieux train – du chocolat noir – un garçon très rêveur – ma meilleure note

2. Le chat est malade. Le gros chat est malade. Le très gros chat noir est malade.

3. **Il** va venir la croquer.
Elle est sauvée juste à temps.

4. Au ski, j'admire **les sommets neigeux**, mais j'ai peur de **la pente glissante**.

44 Les accords dans le groupe du nom

1.

	singulier	pluriel
féminin	une balle verte	**des** balles **vertes**
masculin	**le** ballon **vert**	les ballons **verts**

2. un petit téléphone mobile – des vilains lutins farceurs – une jolie chanteuse blonde – des belles voitures anciennes

3. des fleur**s** parfumé**es** – des gamin**s** charmant**s** – un**e** cousine énervant**e** – un**e** souris vert**e**

4. Je range mes pantalons verts, mes gilets rouges, mes chapeaux jaunes et mes jolis petits sacs noirs.

45 Le verbe

1. • Noémie joue de la guitare pendant que son frère Jules fait ses devoirs.
• Au printemps dernier, les abeilles butinaient les fleurs d'acacia. Nous aurons du bon miel.
• La semaine prochaine, j'irai faire des courses avec mon oncle qui revient de son tour du monde.

2. Il **retrouve** dans sa poche les lunettes qu'il **cherche** depuis ce matin.
Il **lit** très vite sa leçon, puis la **récite** à sa grande sœur qui le **gronde**.

3. Il gagne bien sa vie. → verbe **gagner**
Il réparera sa moto. → verbe **réparer**
Il a de bons outils. → verbe **avoir**
Qui fait tant de bruit ? → verbe **faire**
Je suis fatigué. → verbe **être**
Tu cries trop fort ! → verbe **crier**

46 L'accord du verbe et du sujet

1. Je **pense** que tu **regardes** beaucoup trop la télé. Quand te **décideras**-tu à **lire** un livre intéressant ? Je ne **suis** vraiment pas contente de toi !

2. Trois musiciens **jouent** des percussions. – Mon frère **joue** des percussions. – Un élève **joue** des percussions. – Samy et Tim **jouent** des percussions.

3. • Ma sœur m'embête et se moque de moi.
• Son frère n'est pas gentil avec lui.

47 Le présent des verbes du 1er groupe

1. Elle **colorie** son album avec ses crayons de couleur.
Je **cherche** mes lunettes.
Nous **nageons** tous les jeudis à la piscine.
Tu **bavardes** beaucoup trop avec ton camarade en classe.
Ils **mangent** à la cantine de l'école.
Vous ne **copiez** pas sur vos voisins !

2. Je découpe mon dessin. / Je donne un cadeau à Léa.
Tu joues aux dominos.
Elle découpe mon dessin. / Elle donne un cadeau à Léa.
Nous jardinons en famille.
Vous pleurez de rage.
Ils s'entraînent au foot.

Je mange. / Je marche.
Tu siffles.
Il mange. / Il marche.
Nous bêchons.
Vous lavez.
Elles crachent.

48 Le présent du verbe avoir

1. Les clowns **ont** des costumes rigolos.
L'écuyère **a** un tutu fluo.
Vous **avez** de la chance d'avoir gagné le gros lot.
Tu **as** un nouveau maillot.
J'**ai** peur de tomber si je saute de si haut.
Nous **avons** de nouveaux voisins.

2. **Tu** as peur du noir.
J'ai une angine.
Nous avons le meilleur goal.
Avez-**vous** des animaux chez vous ?
Ils n'ont pas d'excuses.
Il a une jolie montre.

3.

	singulier	pluriel
1re personne	**j'ai**	**nous avons**
2e personne	**tu as**	**vous avez**
3e personne	**il** ou **elle a**	**ils** ou **elles ont**

49 Le présent du verbe être

1. Camille **est** très contente de ses vacances.
Vous **êtes** ici chez vous.
Tu **es** la plus belle.
Je **suis** en colère.
Les élèves de ma classe **sont** tous punis.
Nous **sommes** déjà au travail.

2. **Vous** êtes à l'abri.
Nous sommes en panne.
Elle est très fâchée contre lui.
Je suis au téléphone.
Ils sont au moins une dizaine.
As-**tu** un ordinateur ?

3.

	singulier	pluriel
1re personne	**je suis**	**nous sommes**
2e personne	**tu es**	**vous êtes**
3e personne	**il est**	**ils / elles sont**

50 Le présent du verbe aller

1. Aujourd'hui, Marc ne **va** pas à la piscine.
Vous **allez** à la bibliothèque.
Tu **vas** cueillir des fleurs.
Nous **allons** chercher des champignons.
Je ne **vais** pas chez toi.
Victor et Henri **vont** voir le Tour de France.
Cette robe **va** très bien à ta cousine.

2. **Tu** y vas et tu reviens très vite.
Nous allons au bord de la mer pour les vacances.
Ils vont au restaurant puis au théâtre.
Je vais réfléchir avant de te répondre.
Vous allez chercher des allumettes.

3. Je vais au marché. → Nous allons au marché.
Tu vas acheter un poulet. → Vous allez acheter un poulet.
Il va au ski. → Ils vont au ski.
Nous allons mieux. → Je vais mieux.
Vous allez trop vite. → Tu vas trop vite.
Elles vont à la patinoire. → Elle va à la patinoire.

51 Distinguer et / est

1. Jeanne **était** tombée en roller. Elle s'**était** fait mal au coude **et** elle avait abîmé son jogging tout neuf. Sa mère l'a consolée **et** l'a soignée.

2. Le bébé pleure **et** pousse des cris. Il **est** tout rouge de colère **et** il agite ses bras **et** ses jambes furieusement. Il **est** fatigué **et** il a faim.

3. Ce matin, Sacha se lève **et** s'habille très vite. Il enfile sa chemise **et** son pantalon. Il **est** très content parce que c'**est** mercredi et c'**est** son anniversaire. Il doit aider sa mère à préparer les gâteaux **et** à décorer la maison.

4. Le frère de Zoé et Martine est dans le jardin.

52 Distinguer a / à

1. Charles **avait** son cahier **à** signer.
Marcel **avait** acheté des patins **à** roulettes.
Sidonie **avait** une robe **à** pois.
Grand-mère **avait** mal **à** la tête.
L'animatrice **avait** trouvé un trèfle **à** quatre feuilles.

2. **À** l'école, le nouveau **a** pleuré, mais le maître l'**a** consolé. Il lui **a** présenté tous les élèves. **À** la récréation, il nous **a** demandé de jouer **à** la balle au prisonnier avec lui.

3. Hier, Manon **a** raconté **à** ses copines une histoire **à** dormir debout. Tout le monde **a** bien ri, sauf Manon qui **a** boudé.

4. Xavier **a** mangé une glace **à** la vanille **à** la piscine.

53 Distinguer ou / où

1. **Où** as-tu rangé le cerf-volant ? Au grenier **ou bien** à la cave ? Je ne sais plus **où** il est. Mais **où** peux-tu bien l'avoir mis ? Peut-être dans le placard **ou bien** dans le cabanon.

2. On joue aux sept familles **ou** à la bataille ?
Tu préfères une glace à la vanille **ou** au citron ?
D' **où** viens-tu ?
Où sont passées mes sandales ?
Tu préfères un nouveau pantalon **ou** une nouvelle jupe ?

3. Est-ce au tour de David **ou** de Jules de distribuer les cartes ?
Dans l'école **où** je vais, on peut choisir de faire du judo **ou** du cirque.
D'**où** je viens, on peut faire du ski **ou** de la voile.

4. Est-ce que Sophie préfère le ski de piste **ou** le ski de fond ?

54 Distinguer son / sont

1. **Mon** oncle et ma tante **étaient** partis à l'étranger.
Mon cousin et ma cousine **étaient** très contents.
Où **sont** passés les enfants ?

2. **Son** oncle et sa tante **sont** partis à l'étranger.
Son cousin et sa cousine **sont** très contents.
Où **sont** passés les enfants ?

3. Mon petit frère emporte **son** goûter dans **son** cartable. Arrivé à l'école, il accroche **son** sac et **son** blouson à **son** portemanteau. Les autres élèves **sont** déjà en train de chanter avec la maîtresse.

4. Monsieur Pomme achète **son** journal et monte dans **son** train. Les wagons **sont** bondés et les voyageurs **sont** entassés.

55 Le passé composé

1. Maman [a] acheté une moto. Elle [est] partie faire un tour avec papa. Ils [sont] revenus enchantés. J'[ai] demandé à maman de m'emmener. Elle [a] refusé.
2. J'ai [joué] aux cartes avec Lison. J'ai [perdu] toutes les parties. Je suis [revenu] à la caravane très en colère. Mon frère m'a [consolé] et m'a [donné] un bonbon.
3. Manuel **est parti** en vacances.
→ verbe **partir**
Il **a pris** l'avion. → verbe **prendre**
Il **a atterri** à Lisbonne au Portugal.
→ verbe **atterrir**
Il **a récupéré** ses bagages. → verbe **récupérer**
Puis, il **a appelé** un taxi pour aller à l'hôtel.
→ verbe **appeler**

56 Le passé composé des verbes être et avoir

1. Le cycliste <u>a eu</u> très peur quand il a vu la voiture si près de lui. Heureusement, il <u>a eu</u> beaucoup de chance et aucun bobo. Mais il <u>a été</u> malade de peur.
2. J'ai [eu] mes nouveaux livres de classe aujourd'hui. Nous avons [eu] aussi un nouveau professeur de musique. Tous les élèves de la classe ont [été] heureux de découvrir la nouvelle salle de dessin. La salle de sport a aussi [été] repeinte.
3.

J'	ai	été	malade et	j'	ai	eu	de la fièvre.
Tu	as	été	malade et	tu	as	eu	de la fièvre.
Il	a	été	malade et	il	a	eu	de la fièvre.
Nous	avons	été	malade et	nous	avons	eu	de la fièvre.
Vous	avez	été	malade et	vous	avez	eu	de la fièvre.
Ils	ont	été	malade et	ils	ont	eu	de la fièvre.

57 Le futur

1. La semaine prochaine nous **partirons** en classe de découverte. Nous **voyagerons** en train.
Nos parents nous **accompagneront** à la gare.
La maîtresse **installera** les élèves dans le wagon.
Tu n'**oublieras** pas tes affaires dans le train !
2. Demain, je marcherai dans la campagne.
Demain, tu laveras la vaisselle.
Demain, elle achètera un livre.
Demain, nous fêterons son anniversaire.
Demain, vous voyagerez en avion.
Demain, ils joueront aux dominos.
3. À la fin de l'année, j'**aurai** un bon livret et je **serai** dans les meilleurs. Vous **aurez** une bonne surprise et vous **serez** très contents de mes résultats.

58 Le futur des verbes être et avoir

1. Demain, nous **aurons** une nouvelle voiture.
Dans deux mois, tu **auras** un petit frère.
Dans un an, **j'aurai** huit ans.
Dans six semaines, il **aura** des vacances.
Plus tard, ils **auront** un petit chien.
Bientôt, vous **aurez** de mes nouvelles.
2. Plus tard, je **serai** acteur.
Quand tu auras fini, tu **seras** très fier.
Ce soir, il **sera** fatigué.
Demain, nous **serons** guéris.
La prochaine fois, vous **serez** les plus forts.
Cet hiver, elles **seront** à l'abri.

59 Jeux et tests d'orthographe

Test
- Il faut un **m** : came**m**bert (réponse 2)
- rien : des noix (réponse 3)
- des can**aux** (réponse 2)
- des bijou**x** (réponse 2)
- des trou**s** (réponse 1)
- J'ai un chien **et** un chat (réponse 1)
- une machine **à** laver (réponse 2)
- Il va **où** il veut (réponse 2)

1. PAS – RAT – CHUT !
→ On peut sauter d'un avion avec un **parachute**.
2. DÉ – K – RAT – M' AILE
→ Elle achète des **caramels**.

60 Jeux et tests de grammaire

Test
- la petite voiture verte (réponse 2)
- les grands arbres verts (réponse 3)
- Tu manges trop (réponse 2)
- Elles nagent bien (réponse 3)
- le passé (réponse 1)
- faux (réponse 2), le verbe aller est irrégulier (je vais…).

1. C'est moi votre (~~vos~~) petit (~~petite~~) lapin (~~lapine~~) !

Quelques mots outils 30

Je révise et je retiens

Les mots outils accompagnent d'autres mots et aident à la compréhension de la phrase. Ils sont invariables.

à – après – assez – aujourd'hui – avant – avec – beaucoup – chez – dans – de – demain – depuis – hier – jamais – malgré – pendant – peu – sans – sous – souvent – sur – toujours – trop

Après le déjeuner, Naïma ira à Dieppe à vélo avec son cousin Basile.

Je m'exerce

1 Colorie la fin du mot de la même couleur que le début pour former cinq mots outils, puis écris-les.

pen – sou – beau – tou – de – puis – dant – vent – jours – coup

_______________ _______________ _______________

_______________ _______________

2 Complète les phrases en utilisant les étiquettes.

trop – sous – entre – Malgré – à

_______ la pluie, nous prenons un bain de mer. • Papa a installé un hamac _______ l'ombre, _______ les arbres. • Il fait vraiment _______ chaud _______ la tente.

3 Écris les mots outils qui manquent.

_ _ _ r, j'étais malade.

A _ _ _ _ _ _ ' h _ _, je vais mieux.

_ _ _ _ _ _, je retournerai à l'école.

31 Se repérer dans le temps

Je révise et je retiens

Le verbe varie selon le moment où se passe l'action.
La terminaison change avec le temps du verbe.

Hier, j'ai rangé ma chambre.
→ C'est le **passé**.

Aujourd'hui, je range ma chambre.
→ C'est le **présent**.

Demain, je rangerai ma chambre.
→ C'est le **futur**.

Je m'exerce

1 Relie pour former trois phrases et indique par une croix le temps du verbe.

Aujourd'hui, • • j'ai mangé tout le chocolat.
Hier, • • je lirai ce livre.
Demain, • • je regarde par la fenêtre.

Passé	Présent	Futur

2 Relie chaque phrase à l'étiquette du temps du verbe.

Maintenant, je nage dans la piscine. •
Demain, je n'irai pas à l'école. •
Actuellement, je recopie mon devoir. •
Hier, j'ai mangé trop de cerises. •
Aujourd'hui, je souffre d'un mal de dents. •
Dans deux semaines, je partirai en colonie. •

• Passé
• Présent
• Futur

La notion de personne 32

Je révise et je retiens

La terminaison du verbe varie selon les **personnes**.

- La personne ou les personnes qui parlent :

Je chante.	**Nous chantons.**
1re personne du singulier	**1re personne du pluriel**

- La personne ou les personnes à qui l'on parle :

Tu chantes.	**Vous chantez.**
2e personne du singulier	**2e personne du pluriel**

- La personne ou les personnes dont on parle :

Marius chante. Il chante.	**Les garçons chantent. Ils chantent.**
Marie chante. Elle chante.	**Les filles chantent. Elles chantent.**
3e personne du singulier	**3e personne du pluriel**

Je m'exerce

1 Entoure les terminaisons des verbes, puis complète les phrases par je, tu, il, nous, vous ou ils.

- ________ bavardes trop avec ton voisin.
- Dans le train fantôme, ________ hurlons de frayeur.
- ________ me balance sur ma chaise, ce qui énerve ma mère.
- ________ se promène sans laisse, ce qui est interdit.
- ________ grimpent en cordée.
- ________ lâchez la perche quand vous êtes en haut de la piste.

2 Relie chaque phrase à la bonne personne.

Tu ne bois pas cette eau sale. •	• **1re personne du singulier**
Elle déteste la marmelade d'oranges. •	• **1re personne du pluriel**
Ils chantent à plusieurs voix. •	• **2e personne du singulier**
Je rigole. •	• **2e personne du pluriel**
Nous marchons sur un sentier de montagne. •	• **3e personne du singulier**
Aimez-vous les jeux vidéo ? •	• **3e personne du pluriel**

33 Jeux et tests sur les mots

TEST

Coche la bonne proposition.
Tu marques 1 point par réponse juste.

- Dans un mot, l'**ordre** des lettres n'a pas d'importance :
  vrai ☐ faux ☐
- Le **contraire** du mot **jamais**, c'est :
  peut-être ☐ parfois ☐ toujours ☐
- Le mot **temps** et le mot **tant** sont :
  des synonymes ☐
  des homonymes ☐
- Le mot **sale** et le mot **salle** sont :
  des contraires ☐
  des homonymes ☐
- Le mot **moment** et le mot **instant** sont :
  des synonymes ☐
  des homonymes ☐
- Le **synonyme** du mot **peu**, c'est :
  presque ☐ pas beaucoup ☐ assez ☐
- Coche le **synonyme** du mot **saut** :
  sot ☐ seau ☐ bond ☐
- Le **livre** qui donne le sens des mots s'appelle un :
  manuel ☐ dictionnaire ☐ album ☐

TOTAL : ...... /8

1 Rébus. Chaque dessin représente une syllabe du mot.

On achète le pain à la ______________.

On se protège de la pluie avec un ______________.

2 Salade de fruits. Trouve les noms de tous les fruits pour compléter la grille.

Jeux et tests de lecture

TEST

Coche la bonne proposition. Tu marques 1 point par réponse juste.

- « **Pourquoi pleures-tu ?** » est une phrase : interrogative ☐ négative ☐
- « **Il n'est pas content.** » est une phrase : interrogative ☐ négative ☐
- Dans « **Il a mis de la farce dans les tomates.** », le mot **farce** peut se remplacer par : plaisanterie ☐ garniture ☐
- Dans « **Le col est à 1 800 m.** », le mot **col** peut se remplacer par : cou ☐ encolure ☐ passage ☐

TOTAL : ...... /4

1 **Rébus. Reconstitue ce que se disent Nicolas et Jean-Joseph.**

Je vois une ______________ ! *Mais non, c'est un* ______________ !

2 **Charade.**

Mon premier est de la terre mouillée. → ______________

Mon second, c'est par terre. → ______________

Mon tout sert à s'orienter. C'est la ______________ !

35 n devant m, b, p

Je révise et je retiens

Devant les lettres **m**, **b**, **p** la lettre **n** utilisée pour produire les sons **an**, **en**, **on** ou **in** est remplacée par un **m**.

un bambin	**des cheveux emmêlés**	**une trompette**	**un timbre**
son [ɑ̃]	**son [ɑ̃]**	**son [ɔ̃]**	**son [ɛ̃]**

Je m'exerce

1 Complète par m ou n.

• ca___per • une co___pote • e___poisonner • lo___gte___ps
• un cha___pignon • un ti___bre • un po___pier • un se___tier
• une te___pête • un po___t • une a___poule • un i___prudent
• un fa___tôme • un pi___gouin

2 Colorie en bleu les lettres qui forment le son [ɑ̃] et en rouge les lettres qui forment le son [ɔ̃].

• J'ai emprunté une ampoule au voisin pour remplacer celle de la lampe de ma chambre.

• À la tombola de mon école, j'ai gagné une timbale et un lampion.

• Mon oncle a un emploi du temps compliqué, il est souvent absent de sa maison.

3 Devine.

C'est un instrument composé de deux jambes qui sert à tracer des cercles.

C'est un ______________.

Elle a presque le même visage que lui.

Elle lui ______________.

Le singulier et le pluriel 36

Je révise et je retiens

Pour **un** objet ou **une** personne → j'emploie le **singulier**.
Pour **plusieurs** objets ou **plusieurs** personnes → j'emploie le **pluriel**.

un crayon → des crayons **une gomme → des gommes**
le maître → les maîtres **la maîtresse → les maîtresses**

Je m'exerce

1 Complète le tableau.

singulier	un			
pluriel	des	petits	chats	noirs

2 Colorie les étiquettes selon que les mots sont au singulier ou au pluriel.

la

le deux

un **singulier** une

pluriel

plusieurs dix

des les

3 Complète par une, des ou plusieurs.

Pour faire ________ ronde, il faut ________ enfants.

Pour faire ________ crêpes, il faut ________ poêle et ________ louche.

37 Le pluriel des mots terminés par s, z ou x

Je révise et je retiens

Les noms qui se terminent par les lettres **s, x** ou **z** s'écrivent de la même façon au singulier et au pluriel.

une souris → des souris **une croix → des croix** **un nez → des nez**

Je m'exerce

1 Écris la phrase au singulier.

Les souris ont mangé des radis et des petits pois sur les tapis.

2 Écris les mots suivants au singulier.

les pas ______________ les traces ______________

les noix ______________ les cache-nez ______________

les ailes ______________ des gaz ______________

3 Colorie les étiquettes des mots qui ne changent pas au singulier.

bras	printemps	voix
étoiles	riz	rhinocéros
os	zéros	dominos

4 Écris les mots suivants au pluriel.

un bras ______________ un bruit ______________

un chat ______________ un choix ______________

Le pluriel des noms en -al, -ail

Je révise et je retiens

La plupart des noms qui se terminent par -**al** ou -**ail** s'écrivent -**aux** au pluriel.

un cheval → des chevaux **un vitrail → des vitraux**

Il existe des exceptions.

un festival → des festivals **un portail → des portails**

Je m'exerce

1 **Complète les étiquettes en t'aidant du schéma.**

un cristal → des crist______

un chacal → des chac______

-als

-aux

un canal → des can______

un bal → des b______

2 **Écris les mots suivants au pluriel.**

un général → des ______

un bocal → des ______

un éventail → des ______

un animal → des ______

3 **Relie chaque mot à son étiquette et complète.**

un journal •

des journ______ •

un trav______ •

des travaux •

• singulier

• pluriel

4 **Écris les mots suivants au singulier.**

des végétaux → un ______

des émaux → de l' ______

des hôpitaux → un ______

des pinceaux → un ______

des couteaux → un ______

des coraux → du ______

39 Le pluriel des noms en -ou

Je révise et je retiens

La plupart des noms terminés par -**ou** prennent un **s** au pluriel.

un kangourou → des kangourous **un trou → des trous**

Sept noms en -**ou** prennent un **x** au pluriel.

des bijoux – des cailloux – des choux – des genoux
des hiboux – des joujoux – des poux

Je m'exerce

1 Complète par -ous ou -oux.

Elle est tombée sur les gen______.

Passe-moi la boîte de cl______.

Je ne trouve plus mes bij______.

Entends-tu les couc______ et les hib______ ?

Le bébé a jeté tous ses jouj______.

Il a creusé des tr______.

2 Devine et complète les mots.

Ceux des girafes sont très longs. ☐ o u ☐

Ils adorent les cheveux des enfants. ☐ o u ☐

3 Écris les noms suivants au pluriel.

un trou → des __________

un doudou → des __________

un sou → des __________

un bambou → des __________

un chou → des __________

un caillou → des __________

un caribou → des __________

un matou → des __________

Le pluriel des noms en -au, -eau, -eu 40

Je révise et je retiens

La plupart des noms terminés par -au, -eau ou -eu prennent un x au pluriel.

un esquimau → des esquimaux **un cadeau → des cadeaux**
un feu → des feux

Attention ! Certains mots font exception et prennent un s au pluriel.

des landaus **des bleus** **des pneus**

Je m'exerce

1 Complète les phrases par eau ou eaux.

- Il faut bien connaître les ois_______ pour distinguer le moin_______ du corb_______.
- Pour la plage, nous emmènerons les s_______, les rât_______ et le cerc_______.
- Le chevr_______ et l'agn_______ sont très b_______.

2 Écris les mots suivants au pluriel.

un jeu → des _______________ un pieu → des _______________

un cheveu → des _______________ un pneu → des _______________

3 Complète par s ou par x.

des ciseau___ des manteau___ des bleu___ des lionceau___

des landau___ des bateau___ des adieu___ des drapeau___

4 Relie les mots à l'étiquette qui convient.

perdreau •	• un •	• pruneaux
poireaux •	• des •	• couteau
bleus •		• préau

41 Le masculin et le féminin

Je révise et je retiens

Pour savoir si un nom est masculin ou féminin, on observe son déterminant.

- Si le déterminant est **le** ou **un**, c'est un nom masculin.
- Si le déterminant est **la** ou **une**, c'est un nom féminin

fauteuil ? un fauteuil → masculin **chaise ? la chaise → féminin**

Je m'exerce

1 Complète par un ou une.

______ pomme	______ pantalon	______ purée	______ douleur
______ nageur	______ pelle	______ préau	______ plumier
______ leçon	______ caleçon	______ cité	______ pâté

2 Colorie en jaune les noms masculins et en vert les noms féminins.

bonbon	sucette	dragée	chewing-gum
phare	tabouret	vérité	sauce

3 Relie les mots à l'étiquette qui convient.

batterie •		• flûte
	• **masculin** •	
harmonica •		• harpe
	• **féminin** •	
violon •		• trombone

4 Recopie les noms de fruits masculins de cette phrase.

Mon père a acheté au marché des ananas, des citrons, des bananes, des fraises, des pêches et des melons.

Le nom 42

Je révise et je retiens

Le nom d'un être ou d'un lieu s'appelle un **nom propre**.
Il prend une majuscule.

Clara habite à Paris.

Les autres noms sont des **noms communs**. Ils sont précédés d'un déterminant.

le chien **la mer**

Je m'exerce

1 Colorie en rose les noms propres et en violet les noms communs.

le [pont] d' [Avignon] les [tableaux] de [Picasso]

le [manteau] de [Clara] [Babar] le [roi] des [éléphants]

la [boucle] d' [oreille] la [mer] [Méditerranée]

2 Complète par le nom qui convient.

L'__________ brait. Le __________ miaule. Le __________ hulule. La __________ meugle.

3 Trouve et écris les noms communs à l'aide des étiquettes

le ____________________ de Versailles

le ____________________ de Marseille

sa | châ | teau | von

4 Souligne tous les noms.

Clara va aller au théâtre à Paris avec sa classe. La maîtresse a retenu les places.
Noé préfèrerait aller à la piscine.

43 Le groupe du nom

Je révise et je retiens

Dans une phrase, le **nom** est souvent accompagné d'autres mots avec lesquels il forme un groupe : les déterminants et les adjectifs.

sa robe bleue **le petit chat** **mes meilleures amies**

Pour reconnaître le groupe du nom, on peut le remplacer par **il**, **ils**, **elle** ou **elles**.

Sa robe bleue est sale. → **Elle est sale.**
Le petit chat miaule. → **Il miaule.**
Ses robes bleues sont sales. → **Elles sont sales.**
Les petits chats miaulent. → **Ils miaulent.**

Je m'exerce

1 Souligne le nom de chaque groupe du nom.

le vieux train • du chocolat noir • un garçon très rêveur • ma meilleure note

2 Dans chaque phrase, souligne le groupe du nom.

Le chat est malade. Le gros chat est malade. Le très gros chat noir est malade.

3 Recopie chaque phrase en remplaçant le groupe du nom par il ou elle.

Le grand méchant loup va venir la croquer.

____

La petite fille est sauvée juste à temps.

____

4 À l'aide des étiquettes, complète la phrase avec deux groupes du nom.

pente | neigeux | la | les | sommets | glissante

Au ski, j'admire ______ ______ ______,
mais j'ai peur de ______ ______ ______.

Les accords dans le groupe du nom

44

Je révise et je retiens

Dans le groupe du nom, tous les mots s'accordent avec le nom : le déterminant, l'adjectif ou les adjectifs.

une sorcière rousse ↔ des sorcières rousses

un sorcier blond ↔ des sorciers blonds

Je m'exerce

1 Complète le tableau.

	singulier	pluriel
féminin	une balle verte	____ balles ________
masculin	____ ballon ________	les ballons verts

2 Colorie d'une même couleur les étiquettes d'un même groupe du nom.

un	vilains	voitures	farceurs
des	petit	chanteuse	anciennes
une	belles	téléphone	mobile
des	jolie	lutins	blonde

3 Complète les mots suivants.

des fleur___ parfumé___   des gamin___ charmant___

un___ cousine énervant___   u___ souris vert___

4 Mets la phrase suivante au pluriel.

Je range mon pantalon vert, mon gilet rouge, mon chapeau jaune et mon joli petit sac noir.

Je range mes ____

____.

45 Le verbe

Je révise et je retiens

Le verbe est le mot de la phrase qui varie quand on change la personne ou le temps.

Je range ma chambre. → Vous rangez ma chambre.
Demain, je rangerai ma chambre.

On désigne un verbe par son infinitif : **ranger**.

Je m'exerce

1 Souligne les verbes dans les phrases suivantes.

- Noémie joue de la guitare pendant que son frère Jules fait ses devoirs.
- Au printemps dernier, les abeilles butinaient les fleurs d'acacia. Nous aurons du bon miel.
- La semaine prochaine, j'irai faire des courses avec mon oncle qui revient de son tour du monde.

2 Complète les phrases en t'aidant des étiquettes.

retrouver	chercher	lire	réciter	gronder

Il ______________ dans sa poche les lunettes qu'il ______________ depuis ce matin.
Il ______________ très vite sa leçon, puis la ______________ à sa grande sœur qui le ______________.

3 Souligne le verbe de chaque phrase, puis écris-le à l'infinitif.

Il gagne bien sa vie. → *verbe* ______________

Il a de bons outils. → *verbe* ______________

Je suis fatigué. → *verbe* ______________

Il réparera sa moto. → *verbe* ______________

Qui fait tant de bruit ? → *verbe* ______________

Tu cries trop fort ! → *verbe* ______________

L'accord du verbe et du sujet

46

Je révise et je retiens

Le sujet du verbe est celui qui fait l'action décrite par le verbe.
Le verbe s'accorde avec le sujet.

Victor bavarde. **Victor et Émile bavardent.**
Ma sœur et moi bavardons souvent **Ma sœur et toi bavardez souvent.**

Je m'exerce

1 Complète le texte en t'aidant des étiquettes.

décideras	lire	pense	regardes	suis

Je ________ que tu ________ beaucoup trop la télé.
Quand te ________-tu à ________ un livre intéressant ?
Je ne ________ vraiment pas contente de toi !

2 Relie les sujets et les verbes qui s'accordent.

- Trois musiciens •
- Mon frère •
- Un élève •
- Samy et Tim •

- • joue des percussions.
- • jouent des percussions.

3 Écris les phrases au singulier.

- Mes sœurs m'embêtent et se moquent de moi.

Ma sœur ____ .

- Ses frères ne sont pas gentils avec lui.

____ .

47 Le présent des verbes du 1er groupe

Je révise et je retiens

Les verbes du 1er groupe sont les verbes qui se terminent par **-er** à l'infinitif, sauf le verbe **aller**.

Quand on les conjugue, les verbes du 1er groupe ont tous les mêmes terminaisons. Tu dois les connaître par cœur.

	singulier		pluriel	
1er personne	**je**	**chante**	**nous**	**chantons**
2e personne	**tu**	**chantes**	**vous**	**chantez**
3e personne	**il ou elle**	**chante**	**ils ou elles**	**chantent**

Je m'exerce

1 Complète les phrases en conjuguant au présent les verbes donnés.

bavarder | chercher | copier | nager | colorier | manger

Elle ______________ son album avec ses crayons de couleur. • Je ______________ mes lunettes. • Nous ______________ tous les jeudis à la piscine. • Tu ______________ beaucoup trop avec ton camarade en classe. • Ils ______________ à la cantine de l'école. • Vous ne ______________ pas sur vos voisins !

2 Relie les personnes et les verbes qui correspondent. Regarde bien les terminaisons : il y en a une qui convient pour deux personnes différentes !

Je •	• pleurez de rage.
Tu •	• joues aux dominos.
Elle •	• découpe mon dessin.
Nous •	• donne un cadeau à Léa.
Vous •	• jardinons en famille.
Ils •	• s'entraînent au foot.

Je •	• siffles.
Tu •	• bêchons.
Il •	• lavez.
Nous •	• crachent.
Vous •	• mange.
Elles •	• marche.

Le présent du verbe avoir

48

Je révise et je retiens

Observe la conjugaison du verbe **avoir** au présent.

j'	**ai**	**nous**	**avons**
tu	**as**	**vous**	**avez**
il (elle)	**a**	**ils (elles)**	**ont**

J'ai faim. **Nous avons froid.**
Tu as soif. **Vous avez peur.**
Il a mal. **Elles ont chaud.**

Je m'exerce

1 Complète les phrases avec le verbe avoir conjugué au présent.

Les clowns ______ des costumes rigolos.
L'écuyère ______ un tutu fluo.
Vous ______ de la chance d'avoir gagné le gros lot.
Tu ______ un nouveau maillot.
J' ______ peur de tomber si je saute de si haut.
Nous ______ de nouveaux voisins.

2 Complète les phrases avec le pronom qui convient (je, tu, il, nous, vous ou ils).

______ as peur du noir.
______ ai une angine.
______ avons le meilleur goal.
Avez-______ des animaux chez vous ?
______ n'ont pas d'excuses.
______ a une jolie montre.

3 Complète le tableau de la conjugaison du verbe avoir.

	singulier	pluriel
1re personne	j'ai	
2e personne		
3e personne		

49 Le présent du verbe être

Je révise et je retiens

Observe la conjugaison du verbe **être** au présent.

je	**suis**	**nous**	**sommes**	**Je suis content.**	**Nous sommes là.**
tu	**es**	**vous**	**êtes**	**Tu es grand.**	**Vous êtes perdus.**
il (elle)	**est**	**ils (elles)**	**sont**	**Il est petit.**	**Elles sont ici.**

Je m'exerce

1 Complète les phrases avec le verbe être conjugué au présent.

Camille ______ très contente de ses vacances. • Vous ______ ici chez vous. • Tu ______ la plus belle. • Je ______ en colère. • Les élèves de ma classe ______ tous punis. • Nous ______ déjà au travail.

2 Complète les phrases avec le pronom qui convient (je, tu, elle, nous, vous ou ils).

______ êtes à l'abri.
______ suis au téléphone.
______ sommes en panne.
______ sont au moins une dizaine.
______ est très fâchée contre lui.
As-______ un ordinateur ?

3 Complète le tableau de la conjugaison du verbe être.

	singulier	pluriel
1re personne		
2e personne		
3e personne	il est	

Le présent du verbe aller

Je révise et je retiens

Observe la conjugaison du verbe **être** au présent.

je	**vais**	**nous**	**allons**
tu	**vas**	**vous**	**allez**
il (elle)	**va**	**ils (elles)**	**vont**

Je vais à l'école. **Nous y allons.**
Tu vas au cirque. **Vous allez nager.**
Il va bien. **Elles vont venir.**

Je m'exerce

1 Complète les phrases avec le verbe aller conjugué au présent.

Aujourd'hui, Marc ne ________ pas à la piscine. • Vous ________ à la bibliothèque. • Tu ________ cueillir des fleurs. • Nous ________ chercher des champignons. • Je ne ________ pas chez toi. • Victor et Henri ________ voir le tour de France. • Cette robe ________ très bien à ta cousine.

2 Complète les phrases avec le pronom qui convient (je, tu, il, nous, vous, ils).

________ y vas et tu reviens très vite. • ________ allons au bord de la mer pour les vacances. • ________ vont au restaurant puis au théâtre. • ________ vais réfléchir avant de te répondre. • ________ allez chercher des allumettes.

3 Écris chaque phrase avec le nouveau sujet proposé.

Je vais au marché. → Nous ________________ .

Tu vas acheter un poulet. → Vous ________________ .

Il va au ski. → Ils ________________ .

Nous allons mieux → Je ________________ .

Vous allez trop vite. → Tu ________________ .

Elles vont à la patinoire. → Elle ________________ .

51 Distinguer et / est

Je révise et je retiens

Pour distinguer **et**, qui est un mot de liaison et **est**, qui est le verbe être au présent, tu peux essayer de les remplacer par **était**.

- Quand **tu peux** le remplacer par **était** → tu écris **est**.
- Quand **tu ne peux pas** le remplacer par **était** → tu écris **et**.

L'eau de la rivière est claire et fraîche.
L'eau de la rivière était claire et fraîche.

Je m'exerce

1 Complète le texte avec et ou était.

Jeanne ______ tombée en roller. Elle s' ______ fait mal au coude ______ elle avait abîmé son jogging tout neuf. La mère l'a consolée ______ l'a soignée.

2 Complète le texte avec est ou et.

Le bébé pleure ______ pousse des cris. Il ______ tout rouge de colère ______ il agite ses bras ______ ses jambes furieusement. Il ______ fatigué ______ il a faim.

3 Barre les étiquettes qui ne conviennent pas.

Ce matin, Sacha se lève [est] [et] s'habille très vite. Il enfile sa chemise [est] [et] son pantalon. Il [est] [et] très content parce que c'[est] [et] mercredi et c'[est] [et] son anniversaire. Il doit aider sa mère à préparer les gâteaux [est] [et] à décorer la maison.

4 Écris la phrase au singulier.

Les frères de Zoé et Martine sont dans le jardin.

____

Distinguer a / à

Je révise et je retiens

Pour distinguer **à**, qui est un mot invariable et **a**, qui est le verbe avoir au présent, tu peux essayer de les remplacer par **avait**.

- Quand **tu peux** le remplacer par **avait** → tu écris **a**.
- Quand **tu ne peux pas** le remplacer par **avait** → tu écris **à**.

Maman t'a acheté une flûte à bec.
Maman t'avait acheté une flûte à bec.

Je m'exerce

1 Complète les phrases avec avait ou à.

Charles ________ son cahier ________ signer.
Marcel ________ acheté des patins ________ roulettes.
Sidonie ________ une robe ________ pois.
Grand-mère ________ mal ________ la tête.
L'animatrice ________ trouvé un trèfle ________ quatre feuilles.

2 Complète le texte avec a ou à.

_____ l'école, le nouveau _____ pleuré, mais le maître l'_____ consolé. Il lui _____ présenté tous les élèves. _____ la récréation, il nous _____ demandé de jouer _____ la balle au prisonnier avec lui.

3 Barre les étiquettes qui ne conviennent pas.

Hier, Manon [a] [à] raconté [a] [à] ses copines une histoire [a] [à] dormir debout. Tout le monde [a] [à] bien ri, sauf Manon qui [a] [à] boudé.

4 Écris la phrase en remettant les étiquettes en ordre.

[a] [à] [à] [la piscine.] [la vanille] [mangé] [une glace] [Xavier]

____

53 Distinguer ou / où

Je révise et je retiens

Pour distinguer **ou**, qui indique un choix, et **où**, qui indique un endroit, on essaye de placer **ou bien** dans la phrase.

- Si **tu peux** utiliser **ou bien** → tu écris **ou**.
- Si **tu ne peux pas** utiliser **ou bien** → tu écris **où**.

Où pars-tu en vacances, à la mer ou à la montagne ?
~~ou bien~~ pars-tu en vacances, à la mer ou bien à la montagne ?

Je m'exerce

1 Complète le texte soit avec où, soit avec ou bien.

_______ as-tu rangé le cerf-volant ? Au grenier _______ à la cave ? Je ne sais plus _______ il est. Mais _______ peux-tu bien l'avoir mis ? Peut-être dans le placard _______ dans le cabanon.

2 Complète les phrases soit avec où, soit avec ou.

On joue aux sept familles _____ à la bataille ?

Tu préfères une glace à la vanille _____ au citron ?

D'_____ viens-tu ? _____ sont passées mes sandales ?

Tu préfères un nouveau pantalon _____ une nouvelle jupe ?

3 Barre les étiquettes qui ne conviennent pas.

Est-ce au tour de David [ou] [où] de Jules de distribuer les cartes ?
Dans l'école [ou] [où] je vais, on peut choisir de faire du judo [ou] [où] du cirque.
D'[ou] [où] je viens, on peut faire du ski [ou] [où] de la voile.

4 Écris la phrase en remettant les étiquettes en ordre. Choisis entre ou et où.

[ou] [où] [le ski de fond ?] [le ski de piste] [Est-ce que] [préfère] [Sophie]

____

Distinguer son / sont

54

Je révise et je retiens

son C'est un déterminant. Il est toujours placé devant un nom.

C'est son pull.

sont C'est le verbe être au présent, à la troisième personne du pluriel.

Ils sont trempés.

Pour savoir si tu dois écrire **son** ou **sont**, essaye de les remplacer par **étaient**.

- Si **tu peux** utiliser **étaient** → tu écris **sont**.
- Si **tu ne peux pas** utiliser **étaient** → tu écris **son**.

Son blouson et son pull sont trempés.

Son blouson et son pull étaient trempés.

~~Étaient~~ blouson et ~~étaient~~ pull étaient trempés.

Je m'exerce

1 Complète les phrases avec mon ou étaient.

- ______ oncle et ma tante ______ partis à l'étranger.
- ______ cousin et ma cousine ______ très contents.
- Où ______ passés les enfants ?

2 Complète les mêmes phrases avec son ou sont.

- ______ oncle et sa tante ______ partis à l'étranger.
- ______ cousin et sa cousine ______ très contents.
- Où ______ passés les enfants ?

3 Complète les phrases avec son ou sont.

Mon petit frère emporte ______ goûter dans ______ cartable.

Arrivé à l'école, il accroche ______ sac et ______ blouson à ______ portemanteau.

Les autres élèves ______ déjà en train de chanter avec la maîtresse.

4 Barre les étiquettes qui ne conviennent pas.

Monsieur Pomme achète [sont] [son] journal et monte dans [sont] [son] train.
Les wagons [sont] [son] bondés et les voyageurs [sont] [son] entassés.

55 Le passé composé

Je révise et je retiens

Le passé composé est un temps du passé. Il faut un **auxiliaire** pour le former.

passé composé = verbe être ou verbe avoir au présent + participe passé du verbe

Je suis	**tombé(e)**	**et**	**j'ai**	**pleuré.**
Tu es	**tombé(e)**	**et**	**tu as**	**pleuré.**
Il est	**tombé**	**et**	**il a**	**pleuré.**
Elle est	**tombée**	**et**	**elle a**	**pleuré.**
Nous sommes	**tombé(e)s**	**et**	**nous avons**	**pleuré.**
Vous êtes	**tombé(e)s**	**et**	**vous avez**	**pleuré**
Ils sont	**tombés**	**et**	**ils ont**	**pleuré.**
Elles sont	**tombées**	**et**	**elles ont**	**pleuré.**
↑ auxiliaire être	↑ participe passé		↑ auxiliaire avoir	↑ participe passé

Je m'exerce

1 Encadre l'auxiliaire être en vert et l'auxiliaire avoir en bleu.

Maman a acheté une moto. Elle est partie faire un tour avec papa. Ils sont revenus enchantés. J'ai demandé à maman de m'emmener. Elle a refusé.

2 Encadre les participes passés.

J'ai joué aux cartes avec Lison. J'ai perdu toutes les parties. Je suis revenu à la caravane très en colère. Mon frère m'a consolé et m'a donné un bonbon.

3 Les verbes surlignés sont au passé composé. Écris-les à l'infinitif.

Manuel est parti en vacances. → *verbe* ____________

Il a pris l'avion. → *verbe* ____________

Il a atterri à Lisbonne au Portugal. → *verbe* ____________

Il a récupéré ses bagages. → *verbe* ____________

Puis, il a appelé un taxi pour aller à l'hôtel. → *verbe* ____________

Le passé composé des verbes être et avoir

Je révise et je retiens

Observe comment le verbe **être** se conjugue au passé composé.

J'ai été content.
Tu as été très gentil.
Il a été merveilleux.
Nous avons été retenus.
Vous avez été assez sages.
Ils ont été très heureux.

été est le **participe passé** du verbe **être**.

Observe comment le verbe **avoir** se conjugue au passé composé.

J'ai eu faim.
Tu as eu soif.
Il a eu mal.
Nous avons eu froid.
Vous avez eu peur.
Ils ont eu chaud.

eu est le **participe passé** du verbe **avoir**.

Je m'exerce

1 Souligne les verbes être et avoir au passé composé.

Le cycliste a eu très peur quand il a vu la voiture si près de lui. Heureusement, il a eu beaucoup de chance et aucun bobo. Mais il a été malade de peur.

2 Encadre les participes passés des verbes être et avoir.

J'ai eu mes nouveaux livres de classe aujourd'hui. Nous avons eu aussi un nouveau professeur de musique. Tous les élèves de la classe ont été heureux de découvrir la nouvelle salle de dessin. La salle de sport a aussi été repeinte.

3 Complète la conjugaison des verbes être et avoir au passé composé.

J'	**ai**	**été**	malade et	j'	**ai**	**eu**	de la fièvre.
Tu			malade et	tu			de la fièvre.
Il			malade et	il			de la fièvre.
Nous			malade et	nous			de la fièvre.
Vous			malade et	vous			de la fièvre.
Ils			malade et	ils			de la fièvre.

57 Le futur

Je révise et je retiens

On utilise le futur pour parler de l'avenir, de ce qui va arriver.

Au futur, tous les verbes ont les mêmes terminaisons. Le futur est formé en ajoutant ces terminaisons à l'infinitif du verbe.

Verbe chanter	singulier		pluriel	
1er personne	**je**	**chanter ai**	**nous**	**chanter ons**
2e personne	**tu**	**chanter as**	**vous**	**chanter ez**
3e personne	**il (ou elle)**	**chanter a**	**ils (ou elles)**	**chanter ont**

Je m'exerce

1 Complète le texte en t'aidant des étiquettes.

installer — accompagner — voyager — partir — oublier

La semaine prochaine nous ______ en classe de découverte. Nous ______ en train. Nos parents nous ______ à la gare. La maîtresse ______ les élèves dans le wagon. Tu n'______ pas tes affaires dans le train !

2 Relie les étiquettes en accordant les pronoms et les verbes au futur pour former six phrases.

	je	achètera	la vaisselle.
	tu	marcherai	un livre.
	elle	laveras	dans la campagne.
Demain,	nous	voyagerez	aux dominos.
	vous	fêterons	en avion.
	ils	joueront	son anniversaire.

Le futur des verbes être et avoir

Je révise et je retiens

Observe comment le verbe **être** se conjugue au futur.

Je serai content.
Tu seras très gentil.
Il sera élégant.
Nous serons retenus.
Vous serez sages.
Ils seront très heureux.

Observe comment le verbe **avoir** se conjugue au futur.

J'aurai faim.
Tu auras soif.
Il aura mal.
Nous aurons froid.
Vous aurez peur.
Ils auront chaud.

Je m'exerce

1 Complète les phrases avec le verbe avoir au futur.

• Demain, nous ____________ une nouvelle voiture. • Dans deux mois, tu ____________ un petit frère. • Dans un an, j'____________ huit ans. • Dans six semaines, il ____________ des vacances. • Plus tard, ils ____________ un petit chien. • Bientôt, vous ____________ de mes nouvelles.

2 Complète le tableau avec le verbe être au futur.

Plus tard,	je	**serai**	acteur.
Quand tu auras fini,	tu		très fier.
Ce soir,	il		fatigué.
Demain,	nous		guéris.
La prochaine fois,	vous		les plus forts.
Cet hiver,	elles		à l'abri.

3 Complète avec les verbes être ou avoir au futur.

À la fin de l'année, j'____________ un bon livret et je ____________ dans les meilleurs. Vous ____________ une bonne surprise et vous ____________ très contents de mes résultats.

59 Jeux et tests d'orthographe

TEST

Coche la bonne proposition.
Tu marques 1 point par réponse juste.

- Pour compléter **came__bert**, il faut :
  un n ☐ un m ☐ un u ☐
- Pour mettre le mot **noix** au pluriel, on lui ajoute :
  un s ☐ un x ☐ rien ☐
- Au pluriel, un **canal** devient :
  des canals ☐ des canaux ☐
- Au pluriel, un **bijou** devient :
  des bijous ☐ des bijoux ☐
- Au pluriel, un **trou** devient :
  des trous ☐ des troux ☐
- Pour compléter **J'ai un chien __ un chat**, on écrit :
  et ☐ est ☐
- Pour compléter **une machine __ laver**, on écrit :
  a ☐ à ☐
- Pour compléter **Il va __ il veut**, on écrit : ou ☐ où ☐

TOTAL : ...... /8

1 Rébus.

On peut sauter d'un avion avec un ______________.

2 Gourmandise.
Que peux bien demander Paloma à la boulangère ?

Elle achète des ______________.

Jeux et tests de grammaire

TEST

Coche la bonne proposition. Tu marques 1 point par réponse juste.

• On peut compléter **la petite voiture** par :	vert ☐	verte ☐	verts ☐
• On peut compléter **les grands arbres** par :	vert ☐	verte ☐	verts ☐
• On peut compléter « **Tu** ___ **trop !** » par :	mange ☐	manges ☐	mangent ☐
• On peut compléter « **Elles** ___ **bien.** » par :	nage ☐	nages ☐	nagent ☐
• On utilise le **passé composé** pour décrire :	le passé ☐	le présent ☐	le futur ☐
• Le verbe **aller** fait partie du 1er groupe :	vrai ☐	faux ☐	

TOTAL : ...... /6

1 Fais le bon choix et colorie le chemin pour que le petit lapin retrouve son terrier en échappant aux dangers !

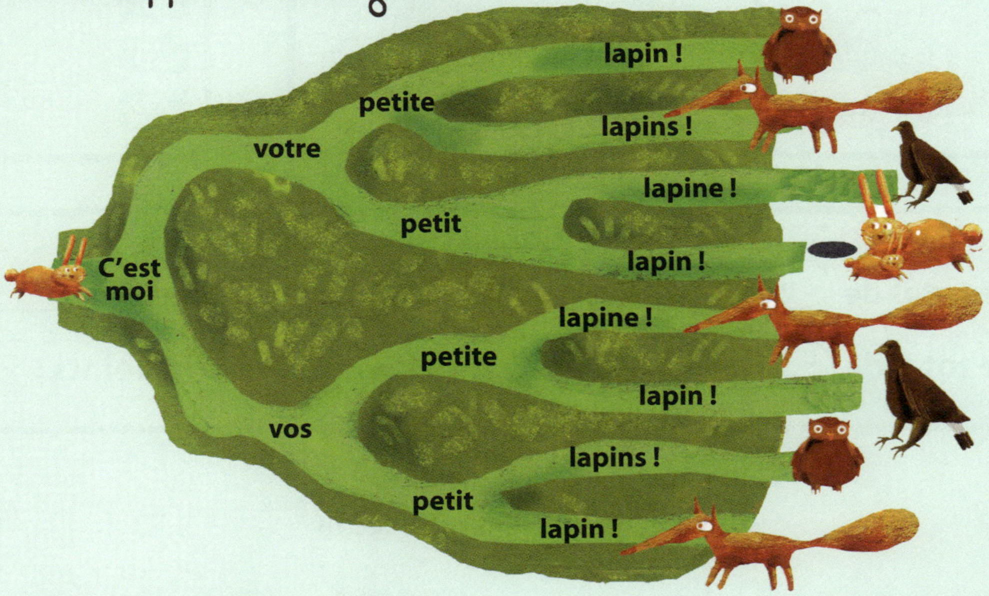

Évaluation

Fiche	Résultat
1	☺ 😐 ☹
2	☺ 😐 ☹
3	☺ 😐 ☹
4	☺ 😐 ☹
5	☺ 😐 ☹
6	☺ 😐 ☹
7	☺ 😐 ☹
8	☺ 😐 ☹
9	☺ 😐 ☹
10	☺ 😐 ☹
11	☺ 😐 ☹
12	☺ 😐 ☹
13	☺ 😐 ☹
14	☺ 😐 ☹
15	☺ 😐 ☹
16	☺ 😐 ☹
17	…… /6
18	…… /8
19	☺ 😐 ☹
20	☺ 😐 ☹

Fiche	Résultat
21	☺ 😐 ☹
22	☺ 😐 ☹
23	☺ 😐 ☹
24	☺ 😐 ☹
25	☺ 😐 ☹
26	☺ 😐 ☹
27	☺ 😐 ☹
28	☺ 😐 ☹
29	☺ 😐 ☹
30	☺ 😐 ☹
31	☺ 😐 ☹
32	☺ 😐 ☹
33	…… /8
34	…… /4
35	☺ 😐 ☹
36	☺ 😐 ☹
37	☺ 😐 ☹
38	☺ 😐 ☹
39	☺ 😐 ☹
40	☺ 😐 ☹

Fiche	Résultat
41	☺ 😐 ☹
42	☺ 😐 ☹
43	☺ 😐 ☹
44	☺ 😐 ☹
45	☺ 😐 ☹
46	☺ 😐 ☹
47	☺ 😐 ☹
48	☺ 😐 ☹
49	☺ 😐 ☹
50	☺ 😐 ☹
51	☺ 😐 ☹
52	☺ 😐 ☹
53	☺ 😐 ☹
54	☺ 😐 ☹
55	☺ 😐 ☹
56	☺ 😐 ☹
57	☺ 😐 ☹
58	☺ 😐 ☹
59	…… /8
60	…… /6

Nombre total de ☺ : ________

Nombre total de 😐 : ________

Nombre total de ☹ : ________

Nombre total de points : _____/ 40

Achevé d'imprimer chez Bona à Turin - Italie
Dépôt légal n° 53087 - Mai 2005